Mentor

Lektüre · Durchblick

Band 340

D1843943

GEORG BÜCHNER

Dantons Tod

Von Martin Neubauer

Mentor Verlag München

Willkommen bei »Lektüre · Durchblick«!

Sie lesen gerade »Dantons Tod« im Deutschunterricht?

Dann finden Sie hier in knapper und verständlicher Form – oft auf besonders übersichtlichen Doppelseiten – genau die Informationen, die Sie jetzt brauchen.

Sie werden sehen: Wenn Sie sich mit diesem Hintergrund »Dantons Tod« nochmals vornehmen, steht dem vollen Durchblick nichts im Wege. Denn je mehr Sie schon wissen, desto mehr entdecken Sie selbst im Text – und so macht Deutsch-Lektüre erst richtig Spaß!

Viel Erfolg wünschen Ihnen

Autor und Verlag

Alle Zitate nach: Georg Büchner: Dantons Tod. Ein Drama Stuttgart 1970 (= Reclams Universal-Bibliothek Nr. 6060)

Der Autor:
Mag. Dr. Martin Neubauer, Gymnasiallehrer für Deutsch und Geschichte, unterrichtet am GRg (Gymnasium und Realgymnasium) Erlgasse in Wien; Autor mehrerer wissenschaftlicher Aufsätze und Bücher zur deutschen Literatur des 18.–20. Jh.

Inhalt

Die Thematik

»Dantons Tod« ist ein historisches Drama, das die unterschiedlichen ideologischen Positionen der Französischen Revolution ebenso behandelt wie ihre Hoffnungen und Widersprüche, ihre geschichtsverändernde Dynamik und ihr moralisches Scheitern.

Der **Begriff der „Revolution“** ist eines der zentralen Themen des Dramas und spielt daher bei der Betrachtung des Texts eine wichtige Rolle:

- ✔ Die Französische Revolution bildet den **historischen Hintergrund** des Dramas. Büchner setzt seinem Publikum einen relativ kurzen Ausschnitt aus der Geschichte vor: nicht einmal zwei Wochen von Ende März bis Anfang April 1794.
- ✔ Büchners Leben war selbst von der **Auseinandersetzung mit revolutionären Ideen** geprägt; als steckbrieflich Gesuchter musste er sogar seine Heimat verlassen.
- ✔ Revolutionär in ihrer Modernität wirkt auch die **dramatische Form**, die Büchner verwendet. Er zieht dabei Kunstmittel heran, die sich erst Jahrzehnte später allgemein durchsetzen konnten; »Dantons Tod« gilt sogar als **entfernter Vorläufer des dokumentarischen Theaters**, das nach dem Zweiten Weltkrieg aktuell wurde (siehe unten S. 37).

Zwei der einflussreichsten Gestalten der Revolution stehen einander als Gegner gegenüber: **Danton** und **Robespierre**, die zwei gegensätzliche Grundeinstellungen zum Leben und zur Revolution verkörpern. Obwohl sich das Geschehen um „große Männer“ dreht, gestalten sie aber nicht dessen Verlauf. Die vermeintlichen Lenker der Geschichte sind selbst **nicht Herren ihrer Entscheidungen**, denn die Eigendynamik der Ereignisse ist so groß, dass das Individuum bloß wehrlos zusehen kann.

Die Handlung in Kürze

März 1794. Die Revolution in Frankreich hat ihren blutigen Höhepunkt erreicht. Soll der Terror weiter wüten, damit alle Feinde der Revolution vernichtet werden, so wie es der radikale **Robespierre** fordert? Oder soll man einen gemäßigten Kurs einschlagen, so wie es sich **Danton** vorstellt?

Diese Frage führt zwischen den beiden Revolutionspolitikern zur Konfrontation. Während **Danton in politischer Hinsicht eigentümlich passiv** bleibt und sich vom Lauf der Geschichte treiben lässt, steht für den kalten **Tugendmenschen Robespierre** fest, dass sein Gegner verhaftet und ausgeschaltet werden müsse. **Danton** macht es seinem Rivalen nicht schwer, denn seine Aufmerksamkeit gilt eher den **schönen Dingen des Lebens** als der politischen Aktion. Aus Dantons Spekulationen über die Welt und den Tod wird klar: Es liegt ihm gar nichts am Leben, in Wirklichkeit **sehnt er sein Ende herbei**.

Doch verschätzt sich Danton, wenn er glaubt, seine Gegner würden vor seiner Verhaftung zurückschrecken. So erweist es sich als Fehler, dass er sich nicht zur Flucht aus Paris entschließen kann. Erst bei der Verhandlung schwingt sich Danton zum Widerstand auf: Mit seiner **brillianten Redekunst** gelingt es ihm, die Massen auf seine Seite zu ziehen. Doch ist auch das vergeblich, denn seine Feinde manipulieren den Ausgang des Prozesses. Danton selbst wird **als korrupter Freund der Königstreuen denunziert** und zum Tode verurteilt. Man führt ihn zusammen mit seinen Anhängern zur Hinrichtung.

Auch die Frauen der Revolutionsführer fallen den politischen Schachzügen zum Opfer. **Julie**, die Gattin Dantons, geht ihrem Mann in den Tod voraus und vergiftet sich; **Lucile**, die Frau von Dantons Mitstreiter Camille Desmoulins, wird wahnsinnig und erzwingt ihre Verhaftung, indem sie auf dem Revolutionsplatz lauthals den König hochleben lässt.

Die Personen

Das Drama lebt aus dem Gegensatz der staatstragenden Kräfte: Während die Dantonisten nach politischer Mäßigung rufen, treten die Männer Robespierres kompromisslos für ein Leben der „Tugend“ und die Weiterführung des Terrors ein. Die Personen sind dabei ihren historischen Vorbildern nachgezeichnet.

Georges Jacques Danton (1759–5. April 1794), war Advokat und radikaler Demokrat. 1790 begründete er den Club der **Cordeliers***[1] mit. Rasch machte er Karriere bis zum Justizminister (1792). 1793 rief er das **Revolutionstribunal*** ins Leben. Machtkämpfe besiegelten schließlich Dantons Untergang. Er, der die Verständigung mit jenen Kräften zu suchen begann, die die **Schreckensherrschaft*** beenden wollten, stieß dabei auf den Widerstand Robespierres, der die Regierung nur gesichert sah, wenn sowohl Radikale (die **Hébertisten**) als auch Gemäßigte (die **Girondisten**) ausgemerzt würden. Er ließ Danton verhaften und nach kurzem Prozess hinrichten.

Maximilien Marie Isidore de Robespierre (1758–28. Juli 1794), Advokat aus Arras, entwickelte sich als führender Kopf des **Jakobinerklubs*** und der **Bergpartei*** zum unversöhnlichen Feind der Monarchie. Tugend bestimmte seine Lebenshaltung und trug ihm den Beinamen **„der Unbestechliche“** ein. Tugend sollte auch den Staat als Ganzes prägen; wer von diesem Grundsatz abwich, wurde mit Terror bekämpft und ausgeschaltet. Als er nach Beseitigung der Dantonisten neue „Säuberungen“ ankündigte, formierte sich im **Konvent*** der Widerstand, der Robespierre schließlich auf die Guillotine* brachte.

Camille Desmoulins (1760–5. April 1794) war glühender Republikaner. Mit seiner um zehn Jahre jüngeren Gattin Lucile führte er eine vorbildliche Ehe. Im Dezember 1793 wandte er

1 Begriffe, die mit einem Sternchen (*) versehen sind, werden im Verlauf der Kapitel „Der historische Hintergrund“ (S. 8ff.) bzw. „Der Schauplatz“ (S. 12f.) erklärt.

sich in seiner Zeitung **„Le Vieux Cordelier“** gegen den Terror Robespierres. Auch Desmoulins starb durch das Fallbeil – an der Seite des von ihm bewunderten Danton, als dessen Sekretär er einige Zeit tätig gewesen war.

Louis Antoine Léon de Saint-Just (1767–28. Juli 1794), ein gnadenloser **Verfechter des Terrors**, spielte bei der Verurteilung Dantons eine Hauptrolle. Der Sturz seines Gesinnungsgenossen Robespierre bedeutete auch für ihn das Todesurteil.

Antoine-Quentin Fouquier-Tinville (1746–7. Mai 1795) wurde 1793 **öffentlicher Ankläger** beim Tribunal. Er war wegen seiner unnachsichtigen Prozessführung gefürchtet.

Danton ⇔	**Robespierre**
... und seine Anhänger:	**... und seine Anhänger:**
• Camille Desmoulins • Marie-Jean Hérault-Séchelles • Jean-François [De]Lacroix • Pierre Philippeau[x] • Philippe-François Fabre d’Eglantine • Louis Legrendre (nicht eindeutige Gesinnung)	• Louis Antoine Léon de Saint-Just • Bertrand Barère de Vieuzac • Jean-Marie Collot d’Herbois • Jacques-Nicolas Billaud-Varennes • Antoine-Quentin Fouquier-Tinville • Jean-Baptiste-André Amar • Martial-Joseph-Armand Herman • René-François Dumas
Die Frauen aus der Umgebung der Dantonisten:	
• Julie (eig. Louise; Gattin von Danton) • Lucile (Gattin von Desmoulins) • Grisetten (= Prostituierte)	
Volk (in seiner Haltung schwankend)	

Geschichtlicher Hintergrund

In den achtziger Jahren des 18. Jahrhunderts herrschten im absolutistisch regierten Frankreich gravierende Missstände, die schließlich 1789 zur Französischen Revolution führten.

Die Vorrevolution (1787 – April 1789)

Starke Gegensätze prägten die **Gesellschaftsordnung**: Der **Adel** hatte praktisch das Monopol auf alle hohen Ämter; wie auch die Kirche brauchte er Steuern nur auf freiwilliger Basis zu zahlen. Alle anderen, die Angehörigen des so genannten **dritten Standes** (immerhin 98% der Bevölkerung), wurden hingegen kräftig zur Kasse gebeten, ohne die Möglichkeit zur politischen Mitsprache zu haben.

Die große Chance für den dritten Stand kam, als sich König Ludwig XVI. angesichts der katastrophalen Budgetlage gezwungen sah, die **Generalstände** zusammenzurufen, eine vorabsolutistische Körperschaft, die seit 1614 nie mehr zusammengetreten war und ein Gegengewicht zur königlichen Macht darstellen sollte. Vor allem die Bürger erblickten darin die Möglichkeit, jene Ideen in die Tat umzusetzen, mit denen die großen Philosophen der Aufklärung wie Montesquieu, Rousseau oder Voltaire im Verlauf des Jahrhunderts König, Kirche und Adel herausgefordert hatten.

Die bürgerliche Revolution (Mai 1789 – Oktober 1791)

Meinungsverschiedenheiten führten schließlich dazu, dass sich der dritte Stand am 17. Juni 1789 zur **Nationalversammlung** erklärte – mit dem **Anspruch auf die alleinige Vertretung des französischen Volkes** und dem **Ziel einer Verfassung**, die die Macht der Regierenden einschränken sollte. Ludwig XVI. musste diese Entwicklung wohl oder übel akzeptieren.

Unruhen in Paris führten am **14. Juli 1789** zum **Sturm auf die Bastille**, dem Staatsgefängnis und damit Symbol des Schreckens und der Unterdrückung. Auch in den Provinzen kam es zum Aufruhr. Der Druck der Massen auf die politischen Entscheidungsträger wuchs: Um die kochende Volksseele zu beruhigen und die Lage zu stabilisieren, schritt man mit der Umgestaltung des Landes zügig voran:

- Die **„Bartholomäusnacht des Eigentums“** (4./5. August 1789) beendete das französische Feudalsystem.
- Die **Erklärung der Menschen- und Bürgerrechte** (26. August 1789) war konkretes Ergebnis des Rufs der Revolution nach **Freiheit, Gleichheit und Brüderlichkeit**.
- Die Wirtschaftskrise hatte sich verschlimmert; am 2. November 1789 wurde deshalb das gesamte **Kirchengut zum Staatseigentum**. Die Macht der bislang privilegierten Kirche schwand dahin.
- Am 3. September 1791 trat die **neue Verfassung** in Kraft: Der Absolutismus war zu Ende, Frankreich wurde eine **konstitutionelle Monarchie**.

Welchen politischen Weg sollte Frankreich gehen? In **politischen Klubs** wurde diese Frage diskutiert: Die **Feuillants** favorisierten einen **gemäßigt-monarchistischen Kurs**. Für die **Republik** dagegen traten die **Cordeliers** ein, an ihrer Spitze **Marat**, **Danton** und **Desmoulins**. Noch radikalere Republikaner waren die **Jakobiner** unter **Robespierre**; sie trieben die Revolution am energischsten voran.

Die republikanischen Ideen gewannen in dem Maße an Gewicht, in dem das Ansehen der Monarchie sank – mitverantwortlich dafür war ein erfolgloser Fluchtversuch des Königs ins Ausland (20. Juni 1791) sowie eine von Danton angeregte Unterschriftensammlung für die Absetzung des Königs, die damit endete, dass die Nationalgarde auf dem Marsfeld in die Menge feuerte und ein Blutbad anrichtete (17. Juli 1791).

Die demokratische Revolution (Oktober 1791 – 27. Juli 1794)

Mit der Verfassung hatte die Revolution ein wichtiges Ziel erreicht; trotzdem war sie nicht beendet. Die verfassunggebende wurde von der **gesetzgebenden Nationalversammlung** abgelöst. Sie war aus 745 Abgeordneten neu zusammengesetzt; unter ihnen befanden sich gemäßigte **Girondisten** ebenso wie die radikale Minderheit der **Montagnards**, der „Bergpartei".

Die Nationalversammlung bestand **mehrheitlich aus Republikanern**. War die Monarchie noch zu retten? Mit der Unterzeichnung der **Kriegserklärung gegen Österreich und Preußen** (20. April 1792) hoffte Ludwig XVI. auf eine Niederlage der Revolution und Stärkung seiner Position. Vergeblich – am **10. August 1792** stürmten radikale Demokraten aus der Unterschicht, so genannte **Sansculotten**, den Tuilerienpalast; den König setzte man samt Familie gefangen. Um eine Gegenrevolution zu verhindern, wurden wenige Wochen später – unter der Mitwisserschaft des neuen Justizministers Danton – in den Gefängnissen 1100–1400 inhaftierte Königstreue und Priester, aber auch viele Kriminelle getötet **(Septembermorde)**.

Mit der **Ausrufung der Republik** (21. September 1792) trat an die Stelle der Nationalversammlung als neue Volksvertretung der **Nationalkonvent**. Ludwig XVI. wurde als Hochverräter angeklagt und hingerichtet (21. Januar 1793). Der Staat schlitterte dadurch in eine schwere Krise: Als Republik von Königsmördern war Frankreich in Europa politisch isoliert; in den Provinzen brachen **konterrevolutionäre Aufstände** los. Der Nationalkonvent antwortete mit der **Ausschaltung der Menschenrechte**:

- Das **Revolutionstribunal** wurde als politischer Gerichtshof eingerichtet; Berufung gegen die Urteile war unmöglich.
- Der Konvent rief den **Wohlfahrtsausschuss** als oberstes Exekutivorgan ins Leben, ein diktatorisches Machtinstrument, dessen Mitglieder sich in Anlehnung an die römische Verfassung **Dezemvirn** nannten.

Damit begann die **Schreckensherrschaft (Terreur)**, die blutigste Phase der Revolution. Ziel war es, den Staat von Volksfeinden zu säubern; insgesamt wurden über 100 000 Menschen hingerichtet, häufig aufgrund völlig haltloser Verdächtigungen. Unter den Opfern waren auch zahlreiche Geistliche, denn die **Revolution ging rücksichtslos gegen Kirche und Christentum** vor. Schonungslos verfuhren die Jakobiner auch mit den Girondisten, die von der politischen Mitsprache ausgeschaltet und deren Führer hingerichtet wurden (31. Mai–2. Juni 1793).

Machtkämpfe unter den Revolutionären führten zur Hinrichtung des radikalen Populisten **Hébert** (24. März 1794) und von **Danton** (5. April 1794), der für einen gemäßigten Kurs einzutreten begonnen hatte. Robespierre isolierte sich durch seine radikale Politik zunehmend von seiner politischen Basis; aus Furcht vor ihm ließ ihn der Konvent verhaften (27. Juli 1794) und am nächsten Tag hinrichten.

Die restaurative Phase (27. Juli 1794 – 9. November 1799)

Das Pendel der Geschichte schlug nun wieder in die entgegengesetzte Richtung: Jene Girondisten, die den Terror überlebt hatten, kehrten wieder in die Politik zurück; die Jakobiner wurden verfolgt, viele ihrer Maßnahmen rückgängig gemacht. Um eine neue Diktatur zu verhindern, rief man die **Direktorialverfassung** ins Leben.

Die folgenden Jahre waren gekennzeichnet vom Fortgang des Kriegs, von der ständig wachsenden Kluft zwischen Arm und Reich, von Korruption und Inflation, aber auch von der Angst vor einer neuen Jakobinerherrschaft.

Am 9. November 1799 führte ein **Staatsstreich** Frankreich in eine neue Diktatur. An ihrer Spitze stand **Napoleon Bonaparte**: Er erklärte die Revolution für beendet und regierte fortan als **Erster Konsul**.

Der Schauplatz

Paris, das zur Zeit der Französischen Revolution an die 600 000 Einwohner hatte, war das Zentrum der Ereignisse. Der folgende Stadtplanausschnitt verdeutlicht die wichtigsten Handlungsorte des historischen Geschehens ebenso wie die des Dramas.

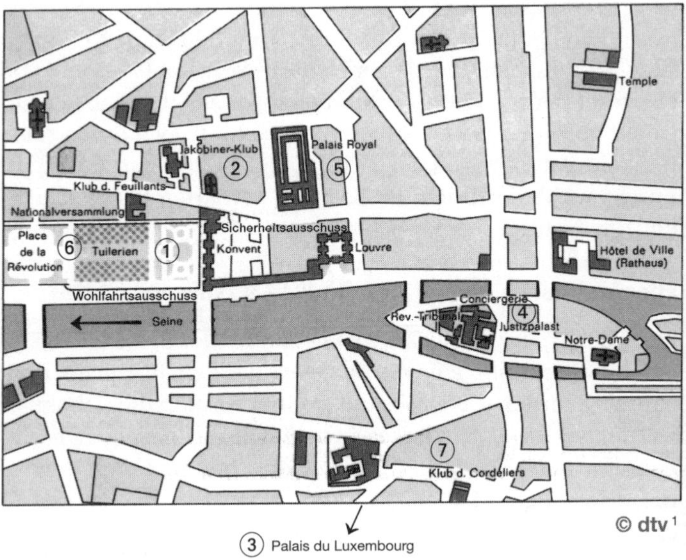

© dtv[1]

① Tuilerienschloss

Unter dem Druck der Masse musste die königliche Familie im Oktober 1789 von Versailles hierher übersiedeln. Der Palast war auch Tagungsort des **Nationalkonvents** und des **Wohlfahrtsausschusses**. Das Schloss ist 1871 abgebrannt, doch die Gartenanlagen bestehen noch heute.

1 Aus: Hermann Kinder/Werner Hilgemann: dtv-Atlas Weltgeschichte Band 2, S. 296. Graphiken von Harald und Ruth Bukor © 1966, 1991 Deutscher Taschenbuch Verlag, München (Karte leicht verändert)

② **Jakobinerklub**

Die radikalen Republikaner versammelten sich im ehemaligen Kloster des Hl. Jakob.

③ **Palais du Luxembourg**

Der im 17. Jahrhundert erbaute Palast diente in der Revolution zeitweise als **Staatsgefängnis**.

④ **Conciergerie und Justizpalast**

Über 4000 Gefangene waren im Verlauf der Revolution in der Conciergerie, dem **„Vorzimmer der Guillotine“**, untergebracht. Von hier aus wurden Danton und später Robespierre zur Hinrichtung geführt. In der Première Chambre des Justizpalastes tagte das **Tribunal**, ein politischer Gerichtshof.

⑤ **Palais Royal**

Ursprünglich die Residenz des Kardinals Richelieu, im Laufe des 18. Jahrhunderts ein **Zentrum der Prostitution und des staatlichen Glückspiels**.

⑥ **Place de la Révolution** (heute: Place de la Concorde)

Die Revolution ersetzte die Statue König Ludwigs XV., die sich in der Mitte des Platzes befand, durch das Symbol des Schreckens, die **Guillotine** – eine nach dem Mediziner Joseph Ignace Guillotin benannte Hinrichtungsmaschine, die mittels eines Fallbeils die Verurteilten köpfte und damit eine für alle Stände gleichartige Exekution durchführte.
Ludwig XVI. und seine Gattin Marie Antoinette ließen auf diesem Platz ebenso ihr Leben wie die Revolutionäre Danton und Robespierre.

⑦ **Dantons Wohnhaus**

Ungefähr an der Stelle, wo sich Dantons Wohnhaus befand, steht heute das Danton-Denkmal von 1889.

Die Handlung

Seit der Hinrichtung von König Ludwig XVI. ist mehr als ein Jahr vergangen. In Frankreich regiert der Terror: Rivalisierende Machtgruppen stehen einander gegenüber; die Hinrichtungsmaschinerie, von Robespierre und seinen radikalen Freunden in Gang gehalten, läuft auf Hochtouren.

1. Akt: Der Gegensatz zwischen Danton und Robespierre

1. Szene: Danton distanziert sich von politischer Aktion

Ein ungewöhnlicher Dramenbeginn: Danton, der Titelheld, wird zusammen mit seiner Gattin Julie in lockerer Gesellschaft gezeigt, sein Gesinnungsgenosse Hérault-Séchelles gibt sich dem Glücksspiel und dem frivolen Flirt hin. Dantons Gemütslage ist allerdings weit entfernt von unbeschwerter Lebenslust; **seine Gedanken kreisen um existenzielle Fragen**, um Einsamkeit und Tod.

Mit dem Auftreten Philippeaus und Desmoulins', zweier Freunde Dantons, nimmt die Szene eine **Wendung ins Politische**. Die beiden berichten, Dantons Gegenspieler Robespierre habe den radikalen Revolutionär Hébert und dessen Anhängerschaft hinrichten lassen. Weiter meinen sie, die gemäßigten Kräfte sollten wieder mehr Einfluss auf den Staat gewinnen; Hérault ruft nach **individuellem Glück und individueller Freiheit**, Desmoulins fordert **Sinnenfreude statt einer Diktatur der Tugend**, wie sie Robespierre derzeit praktiziert.

Danton soll sich im Nationalkonvent für die Forderung seiner Freunde einsetzen, doch der ist vom Erfolg einer solchen Handlungsweise nicht sehr überzeugt – weniger aus realpolitischen Überlegungen als aus der Erkenntnis, dass **alles politische Tun letztlich ohnehin sinnlos** sei.

Auffallend ist die **Handlungsarmut** dieser Szene. Die Titelfigur verweigert sich jeglicher politischer Aktion: *Ich muß fort, sie reiben mich mit ihrer Politik noch auf.* (S. 8)

2. Szene: Erste Volksszene

Eine Gasse in Paris. Der Souffleur Simon, stark alkoholisiert, verprügelt vor allen Leuten seine Frau. In pathetischen Worten, die er vom Theater her kennt, beklagt er dabei die Schande, die über seine Familie hereingebrochen sei. Seine Gattin habe es geduldet, dass die Tochter mit Prostitution die Familie ernähre. Die Leute auf der Straße sehen das allerdings anders: Seien nicht vielmehr diejenigen die wahren Schuldigen, die durch **Geburt**, **Besitz und Bildung** aus der Masse hervorstechen? Seien nicht sie es, die für das Elend des Volkes die Verantwortung tragen?

Der aufgepeitschte Pöbel will Blut sehen. Gerade recht kommt da ein junger Mann, der sich durch den Besitz eines Schnupftuches verdächtig gemacht hat, eine Person von Stand zu sein. Nur durch eine schlagfertige Bemerkung kann er der Lynchjustiz entgehen.

Es folgt der erste Auftritt Robespierres: Er, als der **„Unbestechliche“** vergöttert, weiß, was das Volk hören möchte – und so rühmt er dessen Macht und Größe, dessen Tugend und Pflichtbewusstsein, warnt es aber auch vor seinen Feinden. Während Robespierre die Bürger in den Jakobinerklub mitnimmt, versöhnt sich Simon wieder mit seiner Frau.

3. Szene: Robespierre begründet vor dem Jakobinerklub sein politisches Vorgehen

Im Jakobinerklub: Zunächst spricht ein jakobinischer Abgesandter aus Lyon, wo kurz zuvor eine königsfreundliche Erhebung niedergeschlagen worden ist. In der Folge sei aber auch der radikale Flügel der Hébertisten ausgeschaltet und ihr Führer Ronsin hingerichtet worden. Sei dies ein Fehler gewesen? Müsse ein solches Vorgehen den revolutionsfeindlichen Kräften nicht neuen Auftrieb geben? *Der Atemzug eines Aristokraten ist das Röcheln der Freiheit* (S. 13) – wenn man jetzt nicht konsequent gegen die Feinde der Revolution vorgehe, so drohe sie zu scheitern.

Legendre, ein Parteigänger Dantons, ergreift das Wort und bemerkt, dass es auch in Paris Mode geworden sei, aristokratische Sitten wieder frech zur Schau zu stellen und dadurch die Revolution zu verraten.

Ein ungeschicktes Argument: Denn Legendre muss sich von Collot d'Herbois vorwerfen lassen, selbst zu diesen Leuten zu zählen – ein Angriff, der sich indirekt auch gegen den Kreis um Danton richtet.

Robespierre hebt nun zu einer großen Rede an, in deren Verlauf er eine **Rechtfertigung des Terrors** unternimmt – er behauptet, Terror sei die einzige Chance, die Republik zu retten. Erbarmen mit den Gegnern würde politischen Selbstmord bedeuten.

Auch die Dantonisten werden wieder ins Spiel gebracht – als jene Kräfte, die die Revolution beenden wollen und sich dem üppigen Lebensstil des alten Adels hingegeben haben. All dem wird von Robespierre die Tugend entgegengehalten, **Moral so als politische Kraft eingesetzt**.

4. Szene: Gefahr für die Dantonisten

Lacroix, ein Freund Dantons, befürchtet, dass sich nach dem unglücklichen Auftritt von Legendre im Jakobinerklub die nächsten Schritte des Wohlfahrtsausschusses gegen die Dantonisten richten werden. Er will Danton, den er in der Gesellschaft leichter Damen vermutet, über diese gefährliche Entwicklung unterrichten.

5. Szene: Dantons Handlungswille bleibt weiterhin gelähmt

Die Dirne Marion erzählt Danton, wie sie, obwohl von ihrer Mutter ängstlich behütet, zur Prostituierten geworden ist. Lacroix kommt mit zwei Mädchen dazu; die beiden Männer machen sich mit allerlei sexuellen Anzüglichkeiten über sie lustig, bevor Lacroix ein ernstes Thema anschlägt: Er berichtet Danton über Robespierres Auftritt im Jakobinerclub und wittert Gefahr für ihn und seine Freunde. Das Volk in seiner Unberechenbarkeit könne sich gegen die Gemäßigten richten, noch dazu wirke die Tatsache, dass es sich die Dantonisten offenbar recht gut gehen ließen, herausfordernd auf die im Elend lebenden Massen. Danton zeigt jedoch – wie bereits in I/1 – wenig Bereitschaft, etwas gegen das drohende Unheil zu unternehmen.

6. Szene: Die Begegnung zwischen Danton und Robespierre

Die Szene blendet sich in die Konfrontation zwischen Danton und Robespierre ein und macht deren gegensätzlichen Positionen deutlich:

- Während **Danton** für das **Ende des Terrors** eintritt, sieht **Robespierre** darin den vorzeitigen Abbruch der Revolution und damit den **Verrat** an ihr: *Die soziale Revolution ist noch nicht fertig* [...]. (S. 24)
- Robespierre rechtfertigt den Terror mit der **Moral**: *Das Laster muß bestraft werden, die Tugend muß durch den Schrecken herrschen.* (S. 24) Für Danton existieren Begriffe wie „Tugend“ oder „Laster“ nicht; er verspottet Robespierre als jemanden, der dadurch Genuss findet, indem er sich als genussfeindlicher Moralist aufspielt.

Danton ist bereits ein toter Mann, als er sich von Robespierre verabschiedet; denn dieser, von Dantons Worten sichtlich angeschlagen, lässt keinen Zweifel daran, dass er seinen Rivalen unter allen Umständen aus dem Weg räumen werde. Sein Gesinnungsgenosse St. Just bestärkt ihn in seinem Entschluss: Mit Danton müssten auch dessen Anhänger beseitigt werden, darunter Robespierres alter Freund Camille Desmoulins, der in seiner Zeitung den „Unbestechlichen" scharf attackiert hat. In einem abschließenden Monolog rechtfertigt Robespierre sein Handeln vor sich selbst, erkennt aber auch gleichzeitig – so wie Danton zu Beginn des 1. Aktes – seine Einsamkeit.

2. Akt: Dantons Verhaftung

1. Szene: Danton bleibt passiv

Die Freunde drängen Danton zum Handeln – auch aus Angst um ihren eigenen Kopf. Danton indes zögert: Die Überzeugung, dass ohnehin alles sinnlos sei, **lähmt seine Entschlusskraft**. Zwar verurteilt er Robespierres Terror, Philippeaus Appell jedoch, gegen das Blutvergießen aufzutreten, weist er zurück. Ebenso weigert er sich zu fliehen, in der festen Überzeugung, dass die Gegner nicht den nötigen Mut aufbrächten, Hand an ihn zu legen.

Lebensüberdruss, Langeweile und Todessehnsucht sollen im weiteren Verlauf Dantons Schicksal bestimmen.

2. Szene: Zweite Volksszene

Auf der Promenade begegnen einander **Spaziergänger aus verschiedensten sozialen Schichten**. Die einen unterhalten sich über die neuen Taufnamen, die die Revolution in Mode gebracht hat, die anderen über Wert und Unwert der Arbeit; Dirnen sind auf Kundenfang, und die Spaziergänger der gehobenen Gesellschaft reden über Alltägliches oder über ein neues Theaterstück. Beobachtet wird das Treiben von Camille Desmoulins und Danton, der es scharfsichtig kommentiert.

3. Szene: Die Gefahr für Danton wächst

Ein Gespräch zwischen Camille und Danton über Kunst und Wirklichkeit wird unterbrochen von der Nachricht, dass der Wohlfahrtsausschuss Dantons Verhaftung beschlossen hat. Danton will sich aber nicht dazu entschließen, etwas dagegen zu unternehmen.

Lucile ängstigt sich um ihren Gatten Camille. Obwohl er ihr versichert, sein alter Schulfreund Robespierre werde ihn verschonen, wird sie weiter von düsteren Ahnungen heimgesucht.

4. Szene: Danton bleibt in Paris

Danton hatte sich kurzfristig doch zur Flucht entschlossen; die Szene auf freiem Feld zeigt seine Entscheidung, ungeachtet der Gefahr wieder umzukehren. Seine Reflexionen über den Tod münden in die – letzten Endes trügerische – Zuversicht, vor dem Zugriff seiner Feinde sicher zu sein: *[M]an will mich schrecken; sie werden's nicht wagen!* (S. 38)

5. und 6. Szene: Dantons letzte Nacht in Freiheit

Danton ist aus wilden Albträumen erwacht – die **Mitschuld an den Septembermorden** (vgl. oben S. 10) lässt ihm keine Ruhe. Julie, seine Gattin, versucht ihn zu beruhigen: Immerhin habe seine Entschlossenheit seinerzeit die Republik gerettet. Seien nicht alle Menschen, so fragt sich Danton, wie Marionetten und damit in ihrer Handlungsweise also nicht ihre eigenen Herren?

> *Was ist das, was in uns lügt, hurt, stiehlt und mordet? Puppen sind wir, von unbekannten Gewalten am Draht gezogen;* […]! (S. 40)

Währenddessen machen sich Bürgersoldaten unter der Führung des Souffleurs Simon vor Dantons Haus zur Verhaftung des Revolutionärs bereit.

7. Szene: Im Konvent wird über Dantons Verhaftung debattiert

Ein Teil des Nationalkonvents zeigt sich durch Dantons Verhaftung verunsichert. Sein Freund Legendre tritt dafür ein, dass man ihm **Gelegenheit zur Verteidigung** geben sollte, und wird in seinem Antrag von einigen Deputierten unterstützt. Robespierre weist Legendres Forderung zurück: Selbst für einen Mann wie Danton gebe es **keine Privilegien**; außerdem wirft er Legendre vor, den Namen des ebenfalls verhafteten Lacroix nicht angeführt zu haben. Mit einem rhetorischen Trick nimmt er die schwankenden Abgeordneten an die Kandare:

> *Man stellt sich, als zittre man. Aber ich sage euch, wer in diesem Augenblick zittert, ist schuldig; denn nie zittert die Unschuld vor der öffentlichen Wachsamkeit.* (S. 43)

Mit dieser **versteckten Drohung** versichert sich Robespierre des wachsenden Beifalls aller Anwesenden. Er betont, redlich und objektiv zu handeln – ihn kümmerten weder alte Freundschaften (gemeint ist Camille Desmoulins) noch schrecke ihn die Gefahr, einmal Dantons Schicksal teilen zu müssen.

In seiner anschließenden Rede **rechtfertigt St. Just die Revolution und ihren Blutzoll**, indem er die großen Veränderungen in der Menschheitsgeschichte mit Naturprozessen vergleicht, die ebenfalls ihre Opfer fordern.

3. Akt: Prozess und Verurteilung

1. Szene: Die Ankunft der Dantonisten im Kerker

Im Palais du Luxembourg, das als Revolutionsgefängnis dient, debattieren die Inhaftierten über die **Nichtexistenz** Gottes (vgl. unten S. 58f.): Hérault, die Girondisten Mercier und Payne sowie der radikale Gottesleugner Chaumette, der sich den Namen des altgriechischen Philosophen Anaxagoras zugelegt hat.

Die Dantonisten werden eingeliefert. Lacroix wundert sich, dass Danton Paris trotz Warnung nicht verlassen hat. Camille weiß – wie andere Gefangene auch – um die **Unabwendbarkeit des nahen Todes**; er weiß auch, dass seine gemäßigte politische Einstellung der Grund für seinen Untergang ist.

2. Szene: Dantons Feinde besprechen ihr Vorgehen für den kommenden Prozess

Fouquier-Tinville, der öffentliche Ankläger, und Herman, Präsident des Revolutionstribunals, erörtern die Vorgehensweise im Prozess gegen die Dantonisten. Die beiden haben gehörigen **Respekt vor Danton**; sie befürchten, dass er mit seinem Rednertalent seinen Hals retten könnte.

Die **Gegenstrategie** ist rasch zur Hand: Die Geschworenen sollen – entgegen dem Brauch – nicht ausgelost, sondern so ausgewählt werden, dass sie auf jeden Fall Danton verurteilen. Nicht nur Männer mit radikaler Gesinnung sind darunter, sondern auch williges Stimmvieh: ein Tauber, ein Trinker, ein Schläfer. **Mit dieser Manipulation ist das Ende des Prozesses schon im Voraus besiegelt.**

3. Szene: Danton rechtfertigt sich vor seinen Mitgefangenen

In der Conciergerie, dem Untersuchungsgefängnis, äußert sich Mercier verbittert über den blutigen Weg, den die Revolution eingeschlagen hat. Danton leugnet nicht seine Mitschuld daran, rechtfertigt sich aber damit, dass er mit seiner Handlungsweise – der Einführung des Revolutionstribunals ein Jahr zuvor – bloß neues Morden verhindern wollte; in Wahrheit sei das Sterben jedoch noch qualvoller geworden.

4. Szene: Danton rechtfertigt sich vor dem Tribunal

Man hat Danton angeklagt, zusammen mit den Königstreuen eine Verschwörung gegen die Republik im Sinn gehabt zu haben. In der Verhandlung des Revolutionstribunals weist Danton diese Anschuldigung empört als Verleumdung zurück und **fordert einen ordentlichen Prozess**.

Gibt er sich anfangs noch gelassen, indem er betont, mit dem Leben bereits abgeschlossen zu haben, so gelingt es ihm durch seine geschickte, **mitreißende Verteidigung**, die Anwesenden mehr und mehr auf seine Seite zu ziehen: Unermüdlich streicht er seine Verdienste als Revolutionär heraus, der sich nicht gescheut habe, für die Sache der Republik Blut zu vergießen, und bezichtigt seine Ankläger der Feigheit.

So macht er allen unmissverständlich klar, dass sie einen Mann vor sich haben, dessen **Verteidigung auch ein Kampf um seine Ehre** ist. Der Vorsitzende bemerkt den Stimmungsumschwung zu Dantons Gunsten und bricht die Verhandlung ab.

5. Szene: Ein Umsturzplan zugunsten Dantons, der jedoch Dantons Untergang besiegeln soll

Dillon, ein englischer General, der für die Girondisten gekämpft hat und jetzt eingekerkert ist, bekommt von einem Wärter die Nachricht über den großen Auftritt zugespielt, mit dem Danton das Tribunal beeindruckt hat. Sofort beginnt Dillon von einem **verwegenen Rettungsplan** zu fantasieren – von der Befreiung der Gemäßigten aus dem Gefängnis, vom Sturz des Wohlfahrtsausschusses.

Sein Zellengenosse Laflotte versichert ihm, beim Ausbruch aus dem Kerker behilflich zu sein, hat aber in Wahrheit vor, **die Sache des Generals zu verraten**, um sich selbst vor der Guillotine zu retten.

6. Szene: Der Wohlfahrtsausschuss will Dantons Verurteilung mit allen Mitteln durchsetzen

Dantons zweites Verhör hat mittlerweile stattgefunden. Sein beherztes Auftreten vor dem Tribunal bereitet seinen Gegnern Kopfzerbrechen; es besteht die Gefahr, dass er die Massen für sich gewinnt. St. Just hält es daher für notwendig, **Danton zu beseitigen**. Ein Schließer aus dem Gefängnis überbringt die schriftlichen Bitten von Inhaftierten, ihre Not zu lindern. Die Mitglieder des Wohlfahrtsausschusses haben dafür nur zynischen Spott übrig.

Mittlerweile ist dem Wohlfahrtsausschuss die Nachricht über die Verschwörungspläne Dillons zum Sturz des Konvents zugespielt worden (vgl. die vorige Szene) – für St. Just ein geeigneter Vorwand, die Prozessordnung zum Nachteil Dantons zu ändern. Collot und Barère verabschieden St. Just mit dem feierlichen Pathos überzeugter Revolutionäre, doch enthüllen sie in der Folge ihr wahres Gesicht: Nach außen die Gefolgsleute des Tugendwächters Robespierre, nehmen sie es mit der Moral genauso locker wie ihre Gegner, die Dantonisten. In einem Monolog, der die Szene abschließt, überdenkt Barère sein Tun und rechtfertigt es vor sich selbst.

7. Szene: Die Inhaftierten sehen ihre Sache verloren

In der Conciergerie werden die gefangenen Dantonisten immer mehr von der unerbittlichen Gewissheit des herannahenden Todes geplagt. Danton muss sich Vorwürfe gefallen lassen, nicht früher energisch gehandelt zu haben. Philippeaus trostreiche Visionen, dass der Tod nicht das Ende bedeute, fertigt er zynisch ab. Er, der Gottesleugner, legt eine gelassene Haltung an den Tag, sucht seine Ruhe im Nichts; andererseits bewirkt der Gedanke an seine geliebte Julie den Entschluss, sein Leben zu verteidigen. So gewinnt Danton **neue Energie für seinen letzten Kampf mit seinen Feinden**.

8. und 9. Szene: Dantons Warnungen

Die Nachricht über die Verschwörung Dillons verwenden Dantons Feinde zu dessen Nachteil, indem das Tribunal nun eine **striktere Gangart** einschlägt. So wird Dantons letzter Versuch, einen fairen Prozess zu erzwingen, vom öffentlichen Ankläger abgeschmettert. Noch einmal bäumt sich der Angeklagte verzweifelt auf, **warnt vor den Exzessen der Diktatur und der Schwächung des Vaterlandes**, warnt vor Robespierre und dessen Anhängern, deren Blutdurst nur ihre Unfähigkeit verschleiert, mit dem Elend im Land fertig zu werden. Hurra-Rufe begleiten die Dantonisten, als man sie aus dem Gerichtssaal entfernen lässt.

10. Szene: Die Massen stellen sich gegen Danton

Vor dem Justizpalast schwingt die Stimmung gegen Danton um – sein **luxuriöses Leben** macht ihn verdächtig, von den Königstreuen und den Feinden Frankreichs bestochen worden zu sein. Mit diesem verleumderischen Gerücht ist **Dantons Schicksal endgültig besiegelt**.

4. Akt: Der Untergang der Dantonisten

1. und 2. Szene: Die Revolution festigt und zerstört private Bindungen

Zwei **kontrastiv angelegte Szenen**: Die eine zeigt die **Treue und Hingabe Julies zu ihrem Gatten Danton**; sie schickt dem zum Tode Verurteilten eine Locke mit der Nachricht, dass sie ihm in den Tod folgen werde.

In der darauf folgenden Szene will Dumas, der Präsident des Revolutionstribunals, seiner Ehe ein Ende bereiten, indem er seine Gattin auf die Guillotine schickt: **berechnende Gefühllosigkeit**, die sich hinter großen Phrasen versteckt.

3. Szene: Die letzte Nacht der Dantonisten

In der Conciergerie warten die Verurteilten auf ihre Hinrichtung. Lacroix und Hérault, die zusammen in einem Bett liegen müssen, beginnen einander auf die Nerven zu gehen. Camille sorgt sich um seine Gattin Lucile: Was soll aus ihr werden, wenn er nicht mehr ist? Während Camille einschläft, **monologisiert Danton über Leben und Sterben**. Er will das Elend seines nahen Todes verdrängen und versucht, in teils grellen, teils poetischen Bildern Herr darüber zu werden. Camille, von einem Albtraum geweckt, mag nicht mehr einschlafen und greift zu einem melancholischen Erbauungsbuch. Danton hingegen wählt für die letzte Lektüre seines Lebens ein ironisches Werk des französischen Philosophen Voltaire.

4. Szene: Die Vorbereitungen zur Exekution

Vor dem Gefängnis liefern der Schließer und zwei Fuhrleute, die die Verurteilten zur Richtstätte bringen sollen, ein **komisches Zwischenspiel**. Unter den Frauen, die sich vor dem Gebäude versammelt haben, ist auch **Lucile**, die ihren Camille noch einmal sehen möchte. Der Schmerz um ihren Gatten hat sie **geistig verwirrt**.

5. Szene: Die Verurteilten bereiten sich auf den Tod vor

Im Gefängnis lassen Camille die **Gedanken an die wahnsinnig gewordene Lucile** nicht zur Ruhe kommen. Danton sieht eine **düstere Zukunft** hereinbrechen – für Frankreich das politische Chaos, für Robespierre ein gewaltsames Ende. Er versteigt sich in die Überzeugung, der Nachwelt ein **unauslöschliches revolutionäres Vermächtnis** hinterlassen zu haben. Hérault und Camille sehen die Dinge etwas nüchterner und versuchen, ihren Freund von der Pose des großen historischen Helden wieder in die Wirklichkeit zurückzuholen. Philippeau spricht von einer **Hoffnung auf Gott**, der dem Leben Sinn und der Welt Ordnung gibt, und erntet mit diesen frommen Gedanken den heftigen Widerspruch der anderen Gefangenen, gipfelnd in Dantons berühmten Worten:

> *Die Welt ist das Chaos. Das Nichts ist der zu gebärende Weltgott.* (S. 73)

Die Gefangenen werden vom Schließer zur Hinrichtung abgeholt. Sie nehmen voneinander Abschied, gefasst und mit trostreichen Gesten.

6.–9. Szene: Das Ende der Dantonisten und ihrer Frauen

Die **letzte Szenengruppe** zeigt den Tod Dantons und seiner Anhänger, eingerahmt vom Ende der mit ihnen verbundenen Frauen.

- **Julie** teilt das Schicksal ihres Gatten und **bringt sich mit Gift um**.
- Unter Spott und Hohn des ausgelassenen Pöbels werden die **Verurteilten zur Hinrichtung** gebracht. Die letzten Worte, die sich Lacroix und Philippeau zurechtgelegt haben, werden sowohl von der Menge als auch von den Mitverurteilten mit Unmut und Kritik quittiert. **Danton besteigt als letzter die Guillotine.**
- **Luciles Tod** steht im Mittelpunkt der beiden letzten Szenen. Sie kann den Tod Camilles nicht fassen und irrt durch die Straßen von Paris. Es drängt sie dorthin, woher einige Weiber kommen, die bereits über die Hinrichtung schwatzen: zum Revolutionsplatz. Dort, im Schatten der Guillotine, lässt sie den König hochleben und liefert sich mit dieser ungeheuerlichen Provokation den Schergen aus.

Nach der Lektüre von »Dantons Tod« werden Sie wahrscheinlich feststellen, dass es sich dabei um keinen einfachen Text handelt. Hat Sie das Drama sogar einigermaßen ratlos zurückgelassen? Lassen Sie sich nicht entmutigen – den meisten bereitet die Lektüre erst einmal erhebliche Schwierigkeiten. Karl Gutzkow, der Redakteur der Zeitschrift »Phönix«, in dem Teile des Dramas 1835 erstmals abgedruckt wurden, ahnte solche Probleme voraus und sah sich veranlasst, Erläuterungen in Büchners Text einzuschieben.

Worin liegen nun diese Schwierigkeiten? Drei Ursachen mögen dafür in erster Linie maßgeblich sein:

- ✔ Zum Verständnis des Stückes ist es wichtig, einen Überblick über die Personen, die Gruppierungen und ihre jeweiligen Interessen zu gewinnen. Büchner setzt dabei ein Detailwissen über die **historischen Vorgänge** der Französischen Revolution voraus, mit dem der literarische Normalverbraucher heutzutage kaum mehr aufwarten kann.
- ✔ Büchners **Sprache** ist bilderreich und voller geschichtlicher und mythologischer Anspielungen; außerdem verwendet der Autor viele Fremdwörter, die heutzutage nicht mehr gebraucht werden.
- ✔ Die **poetische Verfahrensweise**, die Büchner in »Dantons Tod« anwendet, war zu seiner Zeit modern – und modern wirkt das Stück noch immer: mit seiner Montagetechnik, der Dynamik seiner Volksszenen, der Armut an äußerer Handlung, nicht zuletzt mit seinem Anti-Helden Danton.

Sollten Ihnen diese Probleme tatsächlich den Zugang zu »Dantons Tod« erschweren, so seien Sie zuversichtlich: Die folgenden Seiten wollen Ihnen dabei helfen, Büchners zeitgeschichtliches Umfeld ebenso verstehen zu lernen wie die formalen und sprachlichen Eigenheiten der Dichtung – und vieles andere mehr. Es lohnt sich – denn »Dantons Tod« ist das faszinierendste und mitreißendste Drama, das in Deutschland jemals über die Französische Revolution geschrieben wurde.

Georg Büchner
***17. Oktober 1813 in Goddelau bei Darmstadt**
† 19. Februar 1837 in Zürich

Herkunft und Familie

Büchner stammt aus einer **Medizinerfamilie**; seine jüngeren Geschwister sollten sich später allesamt als **Demokraten und Intellektuelle** einen Namen machen. Mit Ausnahme seiner Schwester Louise, einer engagierten Frauenrechtlerin, zeigten sie jedoch wenig Verständnis für den früh verstorbenen Bruder, ja behinderten zum Teil sogar dessen Nachwirkung.

Schule und Universität

Während seines zehnjährigen Schulbesuchs bleibt Büchner ein eher durchschnittlicher Zögling. Doch gehen an ihm während seiner Zeit am **Darmstädter Gymnasium** die politischen Ereignisse der Zeit nicht spurlos vorbei – besonders die **Julirevolution in Frankreich 1830**. So wie er lassen sich auch einige seiner Mitschüler von den neuen Ideen infizieren und werden es später als revolutionäre Geister ebenso mit der Staatsmacht zu tun bekommen.

Aus wirtschaftlichen Überlegungen entscheidet sich Büchner für ein **Studium der Medizin** – und zwar in Straßburg. Quartier bezieht er bei einem entfernten Verwandten, dem Pfarrer Johann Jakob Jaeglé. Büchner verliebt sich in dessen ebenso hübsche wie gebildete Tochter **Minna**; im März 1832 verlobt er sich heimlich mit ihr. Da es Büchner als hessischem Untertan nur für vier Semester gestattet wird, eine ausländische Universität zu besuchen, muss er seine **Studien in Gießen fortsetzen**. Die Trennung von der Braut, eine Hirnhautentzündung, die Unsicherheit über die eingeschlagene Berufslaufbahn und das Leiden an den politischen Zuständen: All das stürzt ihn in eine **depressive Seelenkrise**.

Revolution und Verfolgung

Büchner zeigt zunehmend **Interesse für die revolutionäre Praxis**. Zusammen mit dem radikalen Theologen **Friedrich Ludwig Weidig** will er die agitatorische Flugschrift »Der hessische Landbote« unters Volk bringen, doch das Unternehmen fliegt durch Verrat auf. Die Behörden werden auf Büchner aufmerksam. Dieser kann seinen Kopf zunächst durch resolutes Auftreten aus der Schlinge ziehen und begibt sich sicherheitshalber zu seinen Eltern nach Darmstadt. Während er ständig mit seiner Verhaftung rechnet, arbeitet er an »Dantons Tod«. Den Plan, seine Mitverschwörer aus der Haft zu befreien, kann er nicht ausführen: **Am 9. März flieht er nach Straßburg.** Sein Bruder Ludwig hilft ihm Zeit zu gewinnen, indem er sich vor den Verfolgern als der Flüchtige ausgibt. Am 13. Juni 1835 taucht der Name „Georg Büchner“ erstmals in einem Druckwerk auf – nämlich in einem **Steckbrief**.

Exil und Tod

Von Straßburg begibt sich Büchner nach **Zürich**. Mittlerweile hat er über das Nervensystem der Barben, einer Karpfenart, promoviert und beginnt im November 1836 mit **Vorlesungen über vergleichende Anatomie**.

Büchners früher Tod – er stirbt mit 24 Jahren an **Typhus** – ist der vielleicht schwerste Schlag, den die deutsche Literatur je erleiden musste. Obwohl er erst am Beginn seiner Dichterkarriere stand, hat er **ein literarisches Erbe von erstaunlicher Modernität und faszinierender Sprachgewalt** hinterlassen. Das Unfertige aus dem Nachlass hat seine Braut vernichtet.

Kaum ein deutscher Schriftsteller hat mit einem so schmalen poetischen Werk eine dermaßen starke und nachhaltige Wirkung erreicht wie Büchner.

Dabei wurde der **Großteil seiner Arbeiten erst nach seinem Tode veröffentlicht**:

- ✔ die Erzählung »Lenz« im Jahre 1839;
- ✔ das Lustspiel »Leonce und Lena« in einem Teilabdruck 1838 (Uraufführung 1885 in München);
- ✔ das soziale Drama »Woyzeck« 1879 (Uraufführung 1913 in München).

Büchners literarische Texte fanden erst Jahrzehnte später ihre gebührende Aufnahme, besonders bei den **naturalistischen und expressionistischen Schriftstellern**.

»Der hessische Landbote«

❞ *Friede den Hütten! Krieg den Palästen!*

Dies war die zentrale Losung dieser Flugschrift (1834) und sie ist von einer Parole aus der Französischen Revolution abgeleitet. Ziel war es, die Landbevölkerung des Großherzogtums Hessen, eines wirtschaftlich unterentwickelten Agrargebiets, zum **Aufstand gegen Willkür und Ausbeutung** zu mobilisieren (vgl. oben S. 29), doch das Unterfangen scheiterte.

»Lenz«

Im Januar 1778 suchte der deutsche Sturm-und-Drang-Dichter **Jakob Michael Reinhold Lenz**, bereits in geistig sehr zerrüttetem Zustand, seelische Hilfe beim elsässischen Pfarrer Oberlin, der diese Episode seinen Tagebüchern anvertraute. Diese nahm Büchner als Quelle für eine fragmentarisch anmutende Erzählung, in der er das beklemmende **Psychogramm eines Schizophrenen** entwirft. Weltschmerz, Freiheit des Willens und Kritik am Christentum sind – wie im »Danton« – zentrale Themen des Texts.

»Leonce und Lena«

War das Problem der Willensfreiheit in »Lenz« auf die Person eines psychisch Erkrankten bezogen, so ist es in »Leonce und Lena« in eine **Lustspielhandlung** gefasst: Prinz Leonce, der Sohn des Königs von Popo, und Prinzessin Lena aus dem Nachbarreich Pipi sollen miteinander verheiratet werden, obwohl sie einander nie gesehen haben. Beide versuchen sich der Hochzeit durch Flucht zu entziehen – doch gerade dadurch nimmt das Schicksal seinen Lauf: Leonce und Lena begegnen sich zufällig, verlieben sich ineinander (ohne zu wissen, um wen es sich jeweils handelt) und heiraten. Büchner reichte den Text 1836 bei einem Preisausschreiben des Cotta-Verlages für das beste deutsche Lustspiel ein, erhielt das Manuskript aber ungeöffnet zurück, weil er die Einsendefrist überschritten hatte. Durchzogen von avantgardistischem Wortwitz, liefert das Werk eine Satire auf die absolutistisch regierten deutschen Kleinstaaten. Dabei vermischen sich **Züge des Märchens** mit denen der **shakespeareschen** und der **italienischen Komödienwelt**.

»Woyzeck«

Erstmals in der deutschen Literatur wird in diesem **sozialen Drama** als **tragische Titelgestalt ein Außenseiter aus der untersten Gesellschaftsschicht** in seinen ausweglosen Lebensumständen auf die Bühne gebracht: Vom Hauptmann wird er gedemütigt, vom Doktor zu medizinischen Experimenten missbraucht, von seiner Lebensgefährtin Marie betrogen. Sie wird von dem verzweifelten Woyzeck schließlich erstochen.

Angeregt wurde Büchner durch die **Beschreibungen wahrer Kriminalfälle**. Indes: »Woyzeck« blieb unvollendet. Viel Mühe ist von der Forschung darauf verwendet worden, den Text aus der nahezu unleserlichen Handschrift zu erschließen, die lose zusammenhängenden Szenen in eine sinnvolle Reihenfolge zu bringen und damit eine möglichst authentische, les- und spielbare Fassung herzustellen.

vgl. I/1, 5
Lacroix: *Wir müssen handeln.*
Danton: *Das wird sich finden.* (S. 23)

Dantons Entschlusslosigkeit

→

vgl. II/1, 3

Danton widerruft seinen Entschluss zur Flucht

Robespierre beschließt Dantons Untergang

vgl. I/6

→

Robespierre rechtfertigt Dantons Verhaftung

vgl. II/7

I

Der Gegensatz Danton – Robespierre

II

Dantons Verhaftung

… als Voraussetzung für …

… als Vo

I/1 Kritik am Verlauf der Revolution durch Desmoulins, Hérault und Philippeau
I/3 Polemik gegen Hébertisten und Dantonisten im Jakobinerklub
I/5 Danton erfährt von Robespierres Rede im Jakobinerklub
I/6 Konfrontation Danton ↔ Robespierre

II/1 Dantons Zuversicht, seine Feinde würden seine Verhaftung nicht wagen (vgl. auch II/4)
II/6 Bürgersoldaten dringe in Dantons Haus ein
II/7 Im Konvent wird darüber diskutiert, was m dem verhafteten Danton anzustellen sei

'gl. III/4 (Dantons erste
Rede vor dem Tribunal),
II/9 (Dantons zweite Rede
'or dem Tribunal)

**)antons Entschluss zur
;egenwehr kommt zu spät**

vgl. IV/3, 5 (Angst vor dem
Tod und Abschluss mit dem
Leben)

**Danton muss sich seinem
Schicksal fügen**

I

antons Verurteilung

IV

Dantons Hinrichtung

ng für … … als Voraussetzung für …

I/2 Die Feinde von Danton planen, den Prozess zu seinen Ungunsten zu manipulieren
I/5, 6, 8 Dillons Verschwörungsplan wird gegen Danton benutzt
I/10 Das Volk stellt sich gegen Danton

IV/7 Danton auf der Guillotine

Büchner setzt in »Dantons Tod« eine kontrastiv angelegte Sprache ein – das heißt, lyrische Momente, Derbheiten, philosophische Reflexionen oder die Sprache der Politik sind

Besonderheiten

Die z. T. sehr umfangreichen **Reden** repräsentieren den Kampf, der auf der politischen Bühne ausgetragen wird, und geben gleichzeitig Einblick in die demagogischen (d. h. aufhetzerischen) Strategien der Überzeugung.
Es entspricht dem Drama der offenen Form (siehe unten S. 36), dass der Handlungsfluss durch **Lieder** unterbrochen wird. Das Spektrum reicht dabei vom makabren Spottlied bis zum Kirchenlied.

Büchner schreckt nicht vor einer **ungeschminkten Sprache** zurück, die die **Sexualität** nicht schamhaft verhüllt …

… und das **Hässliche und Abstoßende** beim Namen nennt,

… wobei Büchner, der angehende Arzt, gelegentlich auf das **Vokabular der Medizin** zurückgreift.

Büchner schaltet in sein Drama viele **Zitate** ein – nicht nur, was den Einbau der z. T. bearbeiteten Passagen aus historischen Quellen zur Revolution betrifft.
Indem Büchner die Sprache um Robespierre mit **religiösen Bildern und Anspielungen** anreichert, verschafft er ihm eine entsprechende Aura.
Mit Anspielungen aus der **klassischen Mythologie und antiken Geschichte** dokumentieren die Dramenfiguren ihren Bildungsgrad.

innerhalb einer Szene genauso hart nebeneinander gesetzt wie die einzelnen Szenen untereinander.

Textbeispiele

••• I/3 (Robespierre), II/7 (Robespierre, St. Just), III/4 (Dantons erste Verteidigungsrede), III/9 (Dantons zweite Verteidigungsrede)

••• Beispiele dafür finden sich in den **Volksszenen** (I/2, S. 11; II/2, S. 32 [Bänkelsänger] u. S. 33 [Soldat und Hure Rosalie; ein hessisches Soldatenlied]; IV/7, S. 74 [die Carmagnole, ein revolutionäres Tanzlied]) sowie bei der Figur des Henkers in der Schlussszene (S. 76f.). Für **Lucile** bedeutet das Lied die unmittelbare Artikulation ihres Gefühlszustandes (II/3, S. 37; IV/4, S. 70; IV/9, S. 77; vgl. auch unten S. 63).

••• Vgl. dazu etwa Dantons Dialogpartie in der Eingangsszene (S. 5), die Szenen mit einfachen Leuten (I/2, II/2, II/6, IV/7) oder die Szene mit den Huren (I/5). Zur Entschlüsselung der obszönen Anspielungen ist es ratsam, den Erläuterungsband aus der Reclam-Reihe heranzuziehen (siehe unten S. 43).

••• *Ob wir uns nun Lorbeerblätter, Rosenkränze oder Weinlaub vor die Scham binden oder das häßliche Ding offen tragen und es uns von Hunden lecken lassen?* (IV/5, S. 72)

••• *Wir müßten uns die Schädeldecken aufbrechen und die Gedanken einander aus den Hirnfasern zerren.* (I/1, S. 5)

••• Der Theatersouffleur Simon etwa kann seinen Beruf auch daheim nicht ablegen und transportiert den **Tonfall der Tragödie** in den Alltag (z. B. »Hamlet«-Zitat in I/2, S. 13).

••• Beschreibungen Robespierres (I/2, S. 12), Robespierres Monolog am Ende von I/6 (S. 28): *Menschensohn* (z. B. Matth. 24, 30), *Gethsemanegarten* (Luk 22, 44f.)

••• Beiname Aristides für Robespierre (siehe unten S. 43) (I/2, S. 12); Dantons Auftritt vor dem Tribunal, der an den Göttervater Jupiter erinnert (III/6, S. 56)

»Dantons Tod« als offenes Drama

Wie vor ihm Shakespeare oder die deutschen Stürmer und Dränger, so versucht auch Büchner, **die Form des klassischen Dramas aufzuheben**:

- ✔ Die dargestellten Vorgänge erstrecken sich über fast zwei Wochen, **sprengen** also **die Einheit der Zeit**.
- ✔ Die Handlung ist in Szenen aufgesplittert, die zum Teil recht sprunghaft aneinander gereiht sind. Mit dieser „filmischen Präsentation“ wird das Stück den chaotisch verlaufenden historischen Ereignissen eher gerecht: steter Schauplatzwechsel, also **keine Einheit des Ortes**.
- ✔ Auch die **Einheit der Handlung** wird **aufgelöst**: Das Geschehen der Tragödie ist nicht einzig auf das Ende Dantons ausgerichtet, sondern vermittelt mit z. T. recht komischen Volksszenen, die die Kernhandlung nicht vorantreiben, ein lebendiges Bild der Revolution.

»Dantons Tod« als historisches Drama

Zwischen der Niederschrift des Dramas und den Ereignissen, die es zeigt, liegen nicht einmal zwei Generationen. Einer der in »Dantons Tod« auftretenden Revolutionäre, Bertrand Barère de Vieuzac, überlebte Büchner sogar um vier Jahre! Trotz dieses verhältnismäßig kurzen zeitlichen Abstandes kann man das Stück getrost als **Geschichtsdrama** bezeichnen, denn das Historische spielt darin eine vorrangige Rolle – auch was das **Nachdenken über das Verhältnis zwischen Mensch und Geschichte** betrifft, immerhin eines der Leitthemen des Werks.

Büchner wollte eine andere Art von historischem Drama entwerfen, als es **Friedrich Schiller** mehr als dreißig Jahre zuvor getan hatte. Bei Schiller diente die Geschichte dazu, **Ideen zu veranschaulichen**. Der Dramatiker idealisiert also. Er sieht sich berechtigt, sich vom Verlauf der Historie zu entfernen, wenn dadurch etwa das Ringen des Individuums zwischen Pflicht und Neigung stärker zum Ausdruck kommt.

Ganz anders Büchner. In einem Brief an seine Familie erteilt er Schillers Sicht der Geschichte eine klare Absage:

> *Wenn man mir übrigens noch sagen wollte, der Dichter müsse die Welt nicht zeigen wie sie ist, sondern wie sie sein solle, so antworte ich, daß ich es nicht besser machen will, als der liebe Gott, der die Welt gewiß gemacht hat, wie sie sein soll.*[1]

Büchners Blick auf die Geschichte ist also vom **Streben nach Realismus** geprägt – vergleichen Sie dazu auch die kunsttheoretischen Äußerungen Camilles in (II/3)!

»Dantons Tod« – eine Frühform des Dokumentartheaters?

Wodurch versucht Büchner, der Wirklichkeit möglichst nahe zu kommen? Wie später bei »Lenz« oder bei »Woyzeck« greift er auch in »Dantons Tod« auf **dokumentarische Überlieferungen** zurück: Das Drama ist **zu etwa einem Sechstel aus historischen Quellen zusammengesetzt**, die der Autor z. B. mehrbändigen Geschichtswerken von Louis Adolphe Thiers und Louis Sébastien Mercier entnommen hat. Allerdings verfügt Büchner recht frei über sein Material: So montiert er Passagen einer Rede ein, die Robespierre in Wahrheit im Februar 1793 gehalten hat – eineinhalb Monate, bevor das Drama einsetzt!

Mit dieser Art der dramatischen Darstellung ist »Dantons Tod« entfernter Ahnherr jener Bühnenwerke, die 130 Jahre später in deutschen Theatern richtig in Mode kommen sollten: kritische **Dokumentarstücke**, die sich auf Akten, Protokolle, Interviews, Reden und anderes Quellenmaterial stützen – etwa **Rolf Hochhuths** »Der Stellvertreter« (1963; über die Rolle des Papsttums während der Nazi-Zeit), **Heinar Kipphardts** »In der Sache Robert J. Oppenheimer« (1964; über die Verantwortung des Wissenschaftlers im atomaren Zeitalter) oder **Peter Weiss'** »Die Ermittlung« (1965; über die Ermordung der Juden in Auschwitz).

---

1 Georg Büchner an die Familie (28. Juli 1835). In: Büchner/Lehmann (vgl. unten S. 40). S. 305–307; S. 306

Zu Büchners Zeit gab es keinen deutschen Einheitsstaat. 1806 war das Heilige Römische Reich zerbrochen; an dessen Stelle trat in nachnapoleonischer Zeit der Deutsche Bund (1815–1866) – ein aus 39 souveränen Territorien bestehendes politisches Gebilde, in dem die Fürsten den Ton angaben und der Wille des Volkes keinen Einfluss auf die Führung der Staatsgeschäfte hatte. Die Errungenschaften der französischen Revolution schienen verloren.

Preußen contra Österreich

Von nationalstaatlicher Einheit waren die Deutschen somit weit entfernt. Die Hauptursache dafür lag in der **Uneinigkeit zwischen** den beiden mächtigsten Staaten im Bund, **Österreich und Preußen**, über die Machtverhältnisse in einem einheitlichen Nationalstaat. Während Österreich naturgemäß davon träumte, in einem zukünftigen Deutschland die erste Geige zu spielen, wollten die Preußen die Habsburger lieber draußen wissen. Diese **kleindeutsche Lösung** wurde zwar erst 1871 verwirklicht, einen kleinen Vorgeschmack darauf gab es aber bereits 1834, als sich 18 Bundesstaaten auf Initiative Preußens zum **Deutschen Zollverein** zusammenschlossen und damit einen **einheitlichen Wirtschaftsraum in Mitteleuropa** schufen – allerdings unter Ausschluss Österreichs.

Oben und unten

Die Fürsten regierten in ihren Staaten mit eiserner Faust, gestützt auf einen umfangreichen **Beamten- und Polizeiapparat**. Die Freiheiten des Einzelnen waren stark eingeschnürt: Spitzel überwachten verdächtige Untertanen, Bücher und Presseerzeugnisse unterlagen der Zensur, Universitäten wurden als mögliche Revolutionsherde besonders streng überwacht.

Auch in Büchners Heimat, dem **Kleinstaat Hessen**, herrschten politische Unterdrückung und Rechtlosigkeit. Das Land war eine der wirtschaftlich rückständigsten Gegenden Deutschlands. Elend und Hunger regierten die untersten Gesellschaftsschichten: **„Pauperismus“**, die Massenarmut, entwickelte sich zum Schlagwort der dreißiger Jahre – einer Zeit, in der auch **sozialistische Ideen** immer vehementer geäußert wurden.

Restauration und Revolution

Der **Wiener Kongress**, der 1814/15 das von den Napoleonischen Kriegen heimgesuchte Europa neu ordnen sollte, hatte u. a. zum Ziel, jene politischen Verhältnisse wieder herzustellen, die vor der Französischen Revolution geherrscht hatten **(Restauration)**. Als wichtiges Instrument zur politischen Stabilisierung sollte die **Heilige Allianz** dienen, ein von Preußen, Österreich und Rußland gegründetes Fürstenbündnis, dem später fast alle anderen europäischen Staaten beitraten.

Zwei Denkrichtungen prägten damals immer stärker die kritische Öffentlichkeit: der **Nationalismus**, der die Besinnung auf Sprache und Kultur mit politischen Forderungen verknüpfte, und der **Liberalismus**, der die Sicherung der individuellen Freiheitsrechte ebenso einforderte wie die Teilhabe der Bürger an den Staatsgeschäften.

Die **Welle von Revolutionen**, die in den dreißiger Jahren über Europa hereinbrach, erhöhte die Wachsamkeit der konservativen Kräfte. Auslöser war die **Julirevolution 1830 in Frankreich**; im selben Jahr gingen auch die Belgier auf die Straße und erreichten so die Unabhängigkeit ihres Landes. 1831 gab es in Polen eine Revolution, 1831/32 in Oberitalien. Auch in der Schweiz und in Teilen Deutschlands begann es zu gären.

1848/49 wurde Europa von Volkserhebungen erschüttert. Obwohl die staatlichen Autoritäten zeitweise wankten, **blieb die Revolution auf deutschem Boden letzten Endes erfolglos**. Allerdings führte sie längerfristig zu einem Wandel im demokratischen Bewusstsein und in der politischen Kultur.

Biedermeier contra Junges Deutschland

Viele Bürger reagierten auf die Einengung ihrer Freiheiten mit dem **Rückzug ins Häusliche**: Sie kultivierten **stille Tugenden im Rahmen der Familie**, pflegten **Hausmusik** oder ergingen sich in **beschaulicher Lektüre**. Man fand sich mit den bestehenden Verhältnissen ab und zeigte keinerlei Interesse, sich politisch zu engagieren – das **Biedermeier** war geboren.

Einige ließen sich jedoch nicht einschüchtern, riefen laut nach Veränderung und **attackierten scharf Staat**, **Kirche und herrschende Moral**. Jene Schriftsteller, die ihr politisches und soziales Engagement kundtaten, wurden unter der Bezeichnung **„Junges Deutschland"** zusammengefasst. Als kritische, oft pointiert formulierende Publizisten kommentierten sie das Tagesgeschehen hauptsächlich in **Essays**, **Briefen und anderen kurzen Prosatexten**, die in den wie Pilze aus dem Boden schießenden Zeitungen und Zeitschriften erschienen. Büchner selbst stand abseits dieser Gruppierung. Er bezweifelte, dass *durch die Tagesliteratur eine völlige Umgestaltung unserer religiösen und gesellschaftlichen Ideen möglich sei*,[1] und wählte als Einzelgänger den Weg des Dramas.

Zu protestieren war für einen Autor und seinen Verleger oder Drucker gleichermaßen riskant. Denn die Staatsmacht zeigte sich unversöhnlich: Den Dichter und Büchner-Freund **Karl Gutzkow** warf man ins Gefängnis, ebenso Büchners Mitstreiter **Ludwig Weidig**, der nach zwei Jahren unmenschlicher Haftbedingungen starb. So wie Büchner fanden es daher auch andere Schriftsteller ratsamer, Deutschland zu verlassen: **Heinrich Heine** und **Ludwig Börne** wählten ihr Exil in Frankreich, **Ferdinand Freiligrath** ging über Belgien und die Schweiz nach London; **Georg Herwegh**, an der Revolution 1848 in Baden beteiligt und als Hochverräter gesucht, musste zusammen mit seiner Frau Emma in die Schweiz fliehen.

---

1 Georg Büchner an die Familie (1. Januar 1836). In: G. B., Werke und Briefe. Hg. von Karl Pörnbacher u. a. nach der Hist.-krit. Ausgabe von Werner R. Lehmann. München: Hanser 1988. S. 312f.; S. 313

Die Entstehung von »Dantons Tod«

1834 Büchner setzt sich intensiv mit Werken zur Französischen Revolution auseinander.

1835 **Januar/Februar:** Büchner schreibt »Dantons Tod« nieder – nach eigener Angabe innerhalb von fünf Wochen, was in der Forschung jedoch vielfach angezweifelt wird. Das Manuskript schickt er an seinen Schriftstellerkollegen Karl Gutzkow, der zu diesem Zeitpunkt als Redakteur im Frankfurter Verlag Sauerländer arbeitet. Büchner erhält für das Stück bloß 100 Gulden.

März/April: Unvollständiger **Vorabdruck** in der Zeitschrift »Phoenix«.

Ende Juli: Erstdruck mit dem knalligen Untertitel »Dramatische Bilder aus Frankreichs Schreckensherrschaft«. Die Idee dazu stammt vom Verlagsdirektor, der auf der einen Seite damit die Zensur beschwichtigen möchte, auf der anderen Seite sich davon aber auch größere Absatzchancen verspricht. Darüber hinaus lässt er den Text **an über hundert Stellen ändern** – der Sinn wird dadurch teilweise entstellt, Obszönitäten werden entschärft. Büchner ist empört, dass man in den Text auf derartig gravierende Weise eingegriffen hat, ohne sein Einverständnis einzuholen – was aber schwer möglich war, hatte sich der Autor doch schon am 9. März aus politischen Gründen nach Frankreich abgesetzt. Immerhin: »Dantons Tod« bleibt das **einzige poetische Werk Büchners**, **das zu seinen Lebzeiten in Buchform erschienen ist**.[1]

1 Die Forschung hat der früheren Annahme, dass »Dantons Tod« von den Zeitgenossen weitgehend unbeachtet blieb, mittlerweile gründlich widersprochen. Vgl. dazu: Jan-Christoph Hauschild, Georg Büchner. Studien und neue Quellen zu Leben, Werk und Wirkung. Mit zwei unbekannten Büchner-Briefen. Königstein/Ts.: Athenäum 1985. Zur Wirkungsgeschichte von »Dantons Tod« vgl. S. 178–200.

Zeitgenössische Reaktionen

Während Büchners Förderer Karl Gutzkow das Werk naturgemäß über alle Maßen rühmte, darin aber in erster Linie ein **Buchdrama** sah, lehnte es Felix Frei in seiner Kritik vom Oktober 1835 vor allem wegen der unsittlichen Passagen ab; neben unzulänglicher Komposition und Unoriginalität bemängelte der Verriss auch die ausgefallene Redeweise der Personen.

Weitere Wirkung

1879 Karl Emil Franzos veröffentlicht die **erste unzensierte Ausgabe** des Dramas.

1891 Büchner bleibt auch in der späten Bismarck-Ära ein politisch brisanter Autor: Ein Magdeburger Redakteur, der »Dantons Tod« nachdruckt, wird zu vier Monaten Gefängnis verurteilt. Die Berliner „Freie Volksbühne", die eine Aufführung des Stücks seit längerem vorgesehen hat, lässt den Plan daraufhin fallen.

1902 Am 5. Januar **Uraufführung** im Berliner Belle-Alliance-Theater durch den Verein „Freie Volksbühne".

1921 Der deutsche **Stummfilm** »Danton« mit Emil Jannings in der Titelrolle und Werner Krauss als Robespierre lässt sich von Büchners Drama inspirieren.

1947 Uraufführung der **Oper** »Dantons Tod« von Gottfried von Einem (1918–1996) bei den Salzburger Festspielen. Das Libretto verwendet Büchners Originaltext, kürzt aber stark bzw. greift in die Szenenfolge ein. CD-Liveaufnahme aus dem Jahr 1983: Orfeo C102842.

1948 Radio München produziert eine **Hörspielfassung** von »Dantons Tod« mit Fritz Kortner in der Titelrolle.

1983 Fritz Bornemann führt Regie in der **Fernsehfassung**.

Autor und Gesamtwerk

Einen Band mit dem Titel »Georg Büchner« hat Jan-Christoph **Hauschild** zur Reihe der Rowohlt-Monographien beigesteuert (rm 503; Reinbek [2]1995): aktuelle Forschungsergebnisse aus erster Hand.

Durchgehend vierfarbig ist der Büchner-Band aus der Reihe dtv-portrait von Jürgen **Seidel** (München 1998; dtv 31001).

Karlheinz **Hasselbach** bringt mit seinem Beitrag zur Reclam-Reihe »Literaturwissen« einen Lebensabriss samt Interpretationen: Georg Büchner. Stuttgart 1997 (RUB 15212).

Eine klar gegliederte Übersicht mit vielen Literaturangaben gibt Gerhard P. **Knapp**: Georg Büchner. Stuttgart: Metzler [2]1984. Besonders berücksichtigt: Büchners Nachwirkung.

»Dantons Tod«

Genaue Wort- und Sacherklärungen sowie breit gestreute Informationen zur Entstehungs- und Wirkungsgeschichte liegen vor in dem von Josef **Jansen** herausgegebenen Band »Dantons Tod« aus der Reclam-Reihe »Erläuterungen und Dokumente« (Stuttgart 1992; RUB 8104).

Empfehlenswert auch der Reclam-Band »Interpretationen. Georg Büchner« (Stuttgart 1990; RUB 8415); darin auf S. 7–61 eine Analyse zu »Dantons Tod« von Michael **Voges**.

Büchners Danton-Drama sollte man auch vor dem Hintergrund der zeitgenössischen Literatur verstehen; dazu für Schüler besonders geeignet ist der dtv-Band »Frührealismus 1815–1848« von Annemarie und Wolfgang **van Rinsum** (München 1992). Darin über »Dantons Tod«: S. 134–145.

Multimedia

Zu den vielen Extras, die die bei Reclam erschienene CD-ROM zu »Dantons Tod« aufweist (100030), gehören auch drei Stunden vollständiger Textvortrag.

I/1 *cœur:* die Farbe Herz beim Kartenspiel
I/1 *carreau:* Karo; hier: weiblicher Schoß
I/1 *Epikur:* griechischer Philosoph (um 341–270 v. Chr.), der den Genuss (vor allem geistiger Natur) als das Hauptziel menschlichen Lebens ansah
I/2 *Baucis:* Dem greisen Ehepaar Philemon und Baucis gewähren die Götter in der griechischen Sage die Gnade des gemeinsamen Todes.
I/2 *Sublimatpille:* Mittel gegen Geschlechtskrankheiten
I/2 *Vestalin:* zur Keuschheit verpflichtete Priesterin der Göttin Vesta im alten Rom
I/2 *Aristides:* wegen seiner Unbestechlichkeit berühmter athenischer Politiker zur Zeit der Perserkriege
I/3 *die Flotten Pitts:* William Pitt der Jüngere war zur Zeit der Revolution Premierminister von Großbritannien, das als stärkste Seemacht die Gegner Frankreichs unterstützte
I/3 *Faktion:* politische Gruppierung
I/4 *Mediceische Venus:* Kopie einer Statue der griechischen Liebesgöttin Aphrodite, die sich im Besitz der Florentiner Familie Medici befand
I/4 *Medea:* sagenhafte zauberkundige Königstochter aus Kolchis, die auf der Flucht mit ihrem Geliebten Jason ihre Verfolger aufhielt, indem sie ihren Bruder Apsyrtos zerstückelte und ins Meer warf
I/5 *Nönnlein von der Offenbarung durch das Fleisch:* Prostituierte (vgl. auch *Priesterinnen mit dem Leib, Barmherzige Schwestern*)
I/5 *Carmagnole:* populäres Tanzlied der Revolution
I/6 *Der alte Franziskaner:* die von Desmoulins herausgegebene Zeitung »Le vieux Cordelier«
I/6 *proskribieren:* einen Gegner ächten
II/1 *Sektionen:* revolutionäre Vertretungen in Pariser Bezirken
II/2 *à l'enfant frisiert:* hier: geschwängert
II/3 David: Jacques-Louis (1748–1825), französischer Revolutionsmaler (z. B. „Der ermordete Marat"; 1793)
II/6 *Perpendikel:* Uhrpendel; hier: Penis

II/7 *Marseillaise:* französische Revolutionshymne

II/7 *tellurisch:* von der Erde stammend

II/7 *Interpunktionszeichen:* Satzzeichen; hier: Einschnitte

III/1 *Schlagfluss:* Schlaganfall

III/1 *Leichdörner:* Hühneraugen

III/1 *Generalprokurator der Laterne:* Desmoulins war für die Einführung der städtischen Beleuchtung verantwortlich.

III/1 *quod erat demonstrandum:* was zu beweisen war (lat.)

III/1 *katechisieren:* Glaubenssätze auslegen

III/1 *Madame Momoro:* zeitgenössische Schauspielerin

III/4 *Pantheon:* hier: Ehrentempel

III/4 *geätzt:* gefüttert

III/5 *Assignaten:* Papiergeld zur Zeit der Französischen Revolution, das stark der Inflation unterworfen war

III/6 *Samson:* berühmteste Scharfrichterdynastie Frankreichs

III/6 *Haarstern:* Komet

III/6 *Spezifikum:* Heilmittel

III/7 *Pakten:* Eheverträge

IV/3 *Pucelle:* Epos von Voltaire (1694–1778), in dem die Jungfrau von Orléans verspottet wird

IV/4 *Bestallung:* Betrauung mit einer Aufgabe

IV/5 *des vers:* makabres Wortspiel mit franz. Doppelbedeutung: (1) Verse; (2) Würmer

IV/5 *Molochsarme:* bezieht sich auf den babylonischen Gott Moloch, dem Menschen geopfert wurden

IV/6 *Phiole:* Kugelförmige, langhalsige Glasflasche

IV/7 *Charon:* in der griechischen Mythologie der Fährmann, der die Toten in die Unterwelt bringt

IV/7 *Libation:* altrömisches Trankopfer

IV/9 *Ellervater:* Ahn, Großvater

Ziehen Sie zur Erklärung der **Eigennamen**, **Orte und Ereignisse** auch die Abschnitte „Die Personen“, „Der geschichtliche Hintergrund“ und „Der Schauplatz“ am Beginn des Buches (vgl. oben S. 6ff.) heran. Weitere Hilfe finden Sie in dem von Josef Jansen zusammengestellten Reclam-Band über »Dantons Tod« (s. oben S. 43).

Interpretation

Wie bei den Dramen von William Shakespeare, Büchners großem Vorbild, ist es auch für »Dantons Tod« nicht leicht, einen Universalschlüssel zum Verständnis zu finden. Die Tragödie hat viele Zugänge – zuweilen hat man den Eindruck, dass sie mehr Fragen an den Leser stellt, als sie ihm Antworten gibt.

Wie facettenreich Büchners Drama ist, zeigt sich schon, wenn man einen Blick auf die **unterschiedlichen Interpretationsansätze** wirft, die es im Laufe der Geschichte erfahren hat:[1]

- Die **psychologische Deutung** (Arthur Moeller van den Bruck, »Georg Büchner«; 1904) entdeckte im brüchigen Charakter Dantons ein Spiegelbild des von einer Nervenkrise zerrütteten Dichters.
- In der **nationalsozialistischen Literaturwissenschaft** sah man »Dantons Tod« als Wendepunkt in der Biographie Büchners, als **Abkehr vom Politischen**. Nicht der revolutionäre Gehalt sei entscheidend, sondern die **Darstellung eines großen und tragischen Einzelschicksals**.
- **Marxistische Literaturkritiker** wie etwa Georg Lukács (1937) behaupteten genau das Gegenteil: »Dantons Tod« enthalte sich jeglicher Heldenverklärung; im Vordergrund stehe vielmehr die Analyse der Revolution und die Rolle des großen Kollektivs, also des Volks. Büchner sei auch als Dichter noch Sozialrevolutionär.
- Wolfgang Martens legte 1960 eine **religiöse Deutung** des Dramas vor: Neben existentieller Verzweiflung gehe es auch um das Ringen um Fragen der Erlösung – vgl. dazu Robes-

1 Vgl. dazu zwei von Dietmar Goltschnigg herausgegebene Bände: Materialien zur Rezeptions- und Wirkungsgeschichte Georg Büchners. Kronberg: Scriptor 1974. – Büchner im „Dritten Reich“. Mystifikation – Gleichschaltung – Exil. Eine Dokumentation. Bielefeld: Aisthesis 1990

pierres Monolog in I/6, in dem er sich als *Blutmessias* (S. 28) bezeichnet.

- Andere Interpreten heben wiederum die **ästhetischen Aspekte** der Tragödie hervor, wenn sie anhand von »Dantons Tod« die Verwirklichung von Büchners realistischem Kunstverständnis erörtern.

Schon diese Übersicht zeigt: Vieles an »Dantons Tod« ist uneindeutig, lässt Antworten offen, provoziert Diskussionen.

1. Revolution

»Dantons Tod« ist das Drama über eine Revolution, geschrieben zwischen zwei großen europäischen Revolutionen: der in Frankreich von 1830 und jener von 1848 (vgl. oben S. 39f.). Das Werk entstand also in einem Klima, in dem jederzeit auch in Deutschland ein echter politischer und sozialer Umsturz hätte losbrechen können.

Das Drama eines gescheiterten Revolutionärs?

Ein Blick auf Büchners Biographie (vgl. oben S. 28f.) zeigt dessen Verstrickung in revolutionäre Aktivitäten. Als Aufrührer war er im wirklichen Leben erfolglos – verlagerte er die Revolution gleichsam als Ersatzhandlung auf die Bühne? Ist »Dantons Tod« – so lautet eine der zentralen Interpretationsfragen – das Drama eines gescheiterten Rebells, eines verhinderten Revolutionärs?

Daraus ergibt sich zwangsläufig die **Frage, wie denn Büchner überhaupt das Thema „Revolution" in seinem Stück verarbeitet hat**, welche Stellung er dazu bezieht.

- Ist »Dantons Tod« ein **„fortschrittliches" Drama**, also ein Werk, das <u>für</u> die Revolution eintritt, ein Agitationsstück, das auf politische Wirkung zielt? Identifiziert sich Büchner – wie behauptet wurde – sogar mit dem radikalen Programm Robespierres?

- Oder handelt es sich um ein **„konservatives" Drama**, ein Warnstück, in dem Büchner seine eigenen Erfahrungen zu verarbeiten versucht – nämlich die Gefahr, in die man sich begibt, wenn man sich politisch exponiert? Denn nur allzu leicht könnte man aus dem Schicksal Dantons die Lehre ziehen, sich auf kein revolutionäres Engagement einzulassen. Verurteilte ihn das Tribunal, das er selbst ins Leben gerufen hatte, nicht schließlich zum Tode? Der berühmte Satz, den er zu Beginn des Stücks äußert, erfüllt sich schließlich an ihm selbst:

> *[D]ie Revolution ist wie Saturn, sie frißt ihre eignen Kinder.* (I/5; S. 22)

Die Antwort liegt am ehesten in der Mitte. Büchner, der angehende Arzt, seziert den Mechanismus der Revolution, **ohne dabei Sympathien oder Antipathien eindeutig zu verteilen**. Er legt die Strukturen frei, denen die Revolutionäre bei ihren politischen Entscheidungen gehorchen müssen – die Revolution ist weder „gut" noch „böse", ebenso wenig wie Danton und Robespierre den „Guten" und den „Bösen" verkörpern. Wer erwartet, dass das Stück in Sachen Revolution eine fest umrissene Wahrheit verkaufen kann, dass es dafür oder dagegen Stimmung machen möchte, der wird davon enttäuscht werden.

Die Masse macht die Revolution

Treibende Kraft der Revolution ist das Volk – das Volk mit seinen unberechenbaren Stimmungsumschwüngen; das Volk als die große Unbekannte in der Rechnung der Revolutionspolitiker, voller Blutrünstigkeit, die sich ungehemmt in der anonymen Masse entladen kann. Lacroix vergleicht es mit einem menschenfressenden Ungeheuer aus der griechischen Heldensage: *Das Volk ist ein Minotaurus, der wöchentlich seine Leichen haben muß* […] (I/4; S. 18). Auch Danton weiß um die zerstörerische Unberechenbarkeit der Massen: *[D]as Volk ist wie ein Kind, es muß alles zerbrechen, um zu sehen, was darin ist* (I/5; S. 23).

Volksszenen spielen auch in früheren Geschichtsdramen eine wichtige Rolle – besonders in Werken, die von Zeiten politischer Umbrüche handeln: **Goethes** »Götz von Berlichingen« und »Egmont«, **Schillers** »Wallenstein«-Trilogie und »Wilhelm Tell«. In dem wenige Jahre vor »Dantons Tod« vollendeten Kolossaldrama »Napoleon oder Die hundert Tage« (1831) von **Christian Dietrich Grabbe** verlieren die Protagonisten vor der bunten Vielfalt der Masse sogar ihre individuellen Züge.

Hat die Revolution die Lage des Volks verbessert? Die Antwort ist ernüchternd, wie bereits die erste Volksszene (I/2) zeigt. Denn die Kluft zwischen Arm und Reich ist geblieben; die Utopie der Revolution hat die harte Realität des Alltags nicht beseitigen können. So muss die Tochter des Souffleurs Simon die Familie dadurch versorgen, dass sie als Prostituierte arbeitet (vgl. unten S. 63 f.). Auch bessere Menschen hat die Revolution nicht hervorgebracht – eher Geschöpfe, denen der hohe Grad an Gewaltbereitschaft das klare Denken vernebelt: Simon prügelt im **Branntweinrausch** seine Frau, die Bürger schreien in ihrem **Blutrausch**, in ihrem zügellosen Hass gegen den Adel fanatisch nach Lynchjustiz. Selbst so etwas Banales wie ein Taschentuch als Ausdruck höherer Lebensart kann den Pöbel zur Weißglut bringen (vgl. I/2; S. 11).

An dieser **Entartung der Sitten und der Menschlichkeit** scheitern die Revolutionsführer mit ihren Programmen:

Danton hat sich von den Nöten der Masse dadurch entfernt, indem er sich – verglichen mit der Not des Volkes – in ein **Leben voller Luxus** zurückgezogen hat und damit die Einsicht in die Sinnlosigkeit jedes politischen Handelns sowie seinen Weltekel verdrängt. Ist Dantons Lebenswandel nichts anderes als die Lasterhaftigkeit der alten Aristokratie in neuem Gewand?

- **Robespierre** tritt allerorts als **Anwalt der Tugend** auf und versucht, sie mit allen Mitteln – auch den gewaltsamsten – durchzusetzen. Wodurch unterscheidet sich der Tugendterror der Jakobiner aber von der Tyrannei eines absoluten Monarchen, mit dessen Sturz man sich brüstet?

Der Wankelmut der Masse

Büchner macht es klar: Die Schreckensherrschaft hat die Not des Volks nicht lindern können – **die soziale Frage ist ungelöst** geblieben. Das wirft Danton auch in seiner letzten Verteidigungsrede (III/9) den Gegnern vor und erntet damit heftigen Beifall: *Ihr wollt Brot, und sie werfen euch Köpfe hin! Ihr durstet, und sie machen euch das Blut von den Stufen der Guillotine lecken!* (S. 63) Und draußen meutert das Volk: *Die Guillotine ist eine schlechte Mühle und* [der Scharfrichter] *Samson ein schlechter Bäckerknecht; wir wollen Brot, Brot!* (III/10; S. 64)

> Die Revolution erscheint als **blutiger Leerlauf**. Sie gibt vor, Dinge verändern zu wollen, kann es aber nicht – die Weltgeschichte tritt auf der Stelle. Die Hinrichtungen dienen bloß als blutige Spektakel, mit denen die Verantwortlichen von ihrer eigenen Unfähigkeit ablenken wollen.

Ein Staatsterrorist wie St. Just muss zum rhetorischen Patho greifen, will er sein blutiges Geschäft plausibel machen: Di Revolution *zerstückt die Menschheit, um sie zu verjüngen* (II/ S. 45). Mit dem Blick auf den Nutzen fürs Gemeinwohl recht fertigt er die Grausamkeit des Terrors – ein fadenscheinige Argument, zieht man die ungelinderte Not des Volks in Be tracht.

Unkontrollierbarer Hass gedeiht gut in der Atmosphäre de Elends – das wissen vor allem jene, die die Masse nach ihre Vorstellungen zu lenken trachten. In einer Zeit, in der gege den König, die Aristokraten und die gemäßigten Kräfte ge hetzt wird, hat eine charismatische Führergestalt wie Robespierre leichtes Spiel – vom Volk religiös verklärt als *Messias, der gesandt ist zu wählen und zu richten* (I/2; S. 12). Ein eindrucksvolles Beispiel vom **Wankelmut der Masse** gibt Büchner in III/10: Zu Beginn der Szene ist die Stimmung noch für Danton und gegen den Wohlfahrtsausschuss; am Ende der Szene hat sich die Lage ins Gegenteil verkehrt – alle schreien für Robespierre, die Rufe für Danton sind verstummt. Was ist geschehen? **Zwei Faktoren** haben alle Sympathien für Danton schwinden lassen:

- Als der Masse seine Ausschweifungen vor Augen gehalten werden, wird aus dem Volksfreund Danton ein Schmarotzer, der über all das verfügt, was das Volk entbehren muss: Besitz, Luxus, Frauen. **Neid** erscheint somit als wichtige Antriebskraft zur politischen Meinungsbildung. Im weitesten Sinne wird Danton Opfer der nicht bewältigten sozialen Probleme.
- Schlimmer noch: Die Gerüchte über Dantons vermeintliche Kollaboration haben das **Gruppenbewusstsein** gegen ihn mobilisiert. Man hält ihm vor, von den Feinden der Revolution finanziert zu werden, von Royalisten und dem Ausland.

)ie Revolution ist nur bedingt steuerbar, sie gewinnt vielmehr ine Eigendynamik, die sich der Kontrolle des Einzelnen entieht. Nicht die Handlungsweise des historischen Subjekts immt Einfluss auf die Geschichte, sondern die Stimmung der Masse, die von einem Extrem ins andere kippt.

. Geschichte

n einem Brief schrieb Büchner 1835: *Ich betrachte mein Drama wie ein geschichtliches Gemälde, das seinem Original leichen muß.*[1] Dieses Gemälde der Epoche, das Büchner in Dantons Tod« auf realistische Art und Weise erstellt hat, setzt ch aus verschiedenen Farbtupfern zusammen: Dazu gehören

Georg Büchner an die Familie (5. Mai 1835). In: Büchner (siehe oben S. 40). S. 300 f.; S. 301

die Auseinandersetzungen zwischen den höchsten politischen Entscheidungsträgern ebenso wie die Prügelszenen auf der Straße, die Verhandlung vor dem Tribunal oder das Treiben im Spielsalon; aber auch, dass sich die Figuren kein Blatt vor den Mund nehmen, dass sie – um des Wirklichkeitsanspruchs des Stücks willen – Sexuelles beim Namen nennen. In einem Brief vom 28. Juli 1835 an seine Familie wehrt sich Büchner gegen den Vorwurf, »Dantons Tod« sei ein obszönes Drama:

> *[D]er dramatische Dichter ist in meinen Augen nichts, als ein Geschichtschreiber, steht aber* über *Letzterem dadurch, daß er uns die Geschichte zum zweiten Mal erschafft und uns gleich unmittelbar, statt eine trockne Erzählung zu geben, in das Leben einer Zeit hinein versetzt, uns statt Charakteristiken Charaktere, und statt Beschreibungen Gestalten gibt. Seine höchste Aufgabe ist, der Geschichte, wie sie sich wirklich begeben, so nahe als möglich zu kommen. Sein Buch darf weder* sittlicher *noch* unsittlicher *sein, als die* Geschichte selbst […].[1]

In den historischen Dramen Goethes oder Schillers wurde geschichtliche Treue der angestrebten Aussage geopfert (s. oben S. 36f.). Ganz anders in »Dantons Tod«:

Weimarer Klassiker	Büchner
Sinn und Ordnung der Geschichte	**blindes Walten** der Geschichte
Einzelpersönlichkeit als **Gestalter der Geschichte**	Mensch hat **keinen Einfluss** auf den Gang der Geschichte
Der Untergang des Helden ist **Resultat einer freien Willensentscheidung**	Der Untergang des Helden resultiert aus dessen **Unfähigkeit zu handeln**

1 Georg Büchner an die Familie (28. Juli 1835). In: Büchner (siehe oben S. 40). S. 305–307; S. 305

Weder Danton noch Robespierre lassen sich mit den geschichtsprägenden Helden eines Schillerdramas vergleichen. Im Gegenteil, sie sind der Geschichte ausgeliefert, können ihrem Räderwerk nicht entkommen: *Wir haben nicht die Revolution, sondern die Revolution hat uns gemacht* (II/1; S. 30).

Schon von der ersten Szene an drückt Büchner seinen Zweifel daran aus, dass der Mensch Einfluss auf den Lauf der Geschichte haben könnte:

> Camille: […] *Danton, du wirst den Angriff im Konvent machen!*
> Danton: *Ich werde, du wirst, er wird. Wenn wir bis dahin noch leben! sagen die alten Weiber. Nach einer Stunde werden sechzig Minuten verflossen sein. Nicht wahr, mein Junge?* (I/1; S. 8)

Auf Camilles Aufforderung, endlich zu handeln, kontert Danton bloß damit, dass er das Hilfsverb „werden" konjugiert: Das tätig werdende Subjekt ist austauschbar in der Geschichte.

Die Einsicht, als Individuum dem Weltgeschehen machtlos gegenüber zu stehen, stellt ein zentrales weltanschauliches Problem des Dramas dar: nämlich das des **Fatalismus**, der völligen Ergebung des Individuums an ein blind waltendes Schicksal. In einem seiner berühmtesten Briefe hat Büchner über dieses Thema reflektiert – das Dokument einer weltanschaulichen Krise, die sich auch in »Dantons Tod« niedergeschlagen hat:

> *Ich studierte die Geschichte der Revolution. Ich fühlte mich wie zernichtet unter dem gräßlichen Fatalismus der Geschichte.* […] *Der Einzelne nur Schaum auf der Welle, die Größe ein bloßer Zufall, die Herrschaft des Genies ein Puppenspiel, ein lächerliches Ringen gegen ein ehernes Gesetz, es zu erkennen das Höchste, es zu beherrschen unmöglich.*[1]

---

1 Georg Büchner an seine Braut Wilhelmine Jaeglé (um den 9.–12. März 1834). In: Büchner (siehe oben S. 40). S. 288f.; S. 288

[W]as ist das, das in uns lügt, hurt, stiehlt und mordet? (II/5; S. 40) – auch diese Frage Dantons taucht fast wörtlich in jenem **Fatalismus-Brief** auf. Und Danton setzt fort: *Puppen sind wir, von unbekannten Gewalten am Draht gezogen; nichts, nichts wir selbst!* Die großen Männer der Revolution – sie sind in Wahrheit nur **vom Schicksal Getriebene**, die vermeintlichen Drahtzieher nichts anderes als bloße Marionetten.

Das Individuum muss sich den Zwängen und Notwendigkeiten der Geschichte beugen. Wer sich dagegen aufbäumt, wer versucht, seinen eigenen Willen zu verwirklichen, ist bereits zum Scheitern verurteilt. Diese Einsicht, dass jedes Handeln sinnlos sein muss, ist die Ursache für Dantons Lebensüberdruss und seine Langeweile. Der **Determinismus**, die Erkenntnis, dass alles vom Schicksal vorbestimmt sei, ist sein Lebensgrundsatz: Der freie Wille des Individuums existiert nicht.

Dantons Einsicht in den vorgegebenen Lauf der Geschichte ist letztlich der **entscheidende Faktor für seinen Untergang** – und nicht so sehr die Machenschaften seiner Gegner, gegen die er sich viel zu spät zu wehren beginnt. Diese Frage nach der Vorbestimmung stellte Büchner später auch in seinem Drama »Woyzeck«, nur unter einem anderen Vorzeichen: Was ist es, das einen Menschen zum Verbrechen treibt? (s. oben S. 31)

3. Tod

Im Frankreich der Schreckensherrschaft regiert unverhohlen die **Gewalt**. Die Guillotine steht für diejenigen bereit, die gegen die Republik sind, die mit Robespierre im Kampf um die Macht liegen (vgl. I/1) oder derer man sich aus persönlichen Gründen entledigen möchte (vgl. IV/2). Dass die Zeiten unsicher geworden sind, ist niemandem entgangen:

> *Ja, die Erde ist eine dünne Kruste; ich meine immer, ich könnte durchfallen, wo so ein Loch ist. – Man muss mit Vorsicht auftreten, man könnte durchbrechen.*
> (II/3; S. 35)

Was der Passant in der zweiten Volksszene äußert, ist gleichermaßen gültig für die Lage im Staat wie für das menschliche Sein schlechthin. Alles menschliche Treiben und Tun ist überschattet von der **Allgegenwart des Todes** – der Tod, der schon im Titel von Büchners Drama auftaucht und von der ersten Szene an präsent ist, bis hin zum Totentanzlied Luciles im letzten Bild.

Bereits von Beginn an ist Danton dem **Gedanken an den Tod** verschrieben. Voll Überdruss und Abscheu hat er sich von der Welt abgewendet und sehnt die ewige Ruhe herbei. Seiner Gattin macht er das – nur auf den ersten Blick – eigenartige Kompliment: *[I]ch liebe dich wie das Grab* (I/1; S. 5). Denn ein Mensch, der sich nüchtern und ungeschminkt, ohne feierliches Pathos auf seinen Tod zubewegt, ihn herbeisehnt, muss darin die absolute Vollendung erblicken.

Ab dem 3. Akt rückt das Thema des Todes immer auffälliger in den Vordergrund. Büchner zeigt, wie verschiedenartig gelagerte Charaktere das unabwendbare Schicksal des nahenden Todes seelisch verarbeiten: **Danton** zeigt widerspruchslose Ergebenheit in sein Los; **Camille** sorgt sich in erster Linie um seine Gattin; **Philippeau** tröstet sich mit dem Blick auf die göttliche Ordnung.

Danton als Antiheld

Dantons Todessehnsucht stellt die geläufigen poetischen Begriffe von Tragik auf den Kopf. Ist es noch tragisch zu nennen, wenn die Hauptgestalt am Ende das bekommt, wonach sie sich von Anfang des Stücks an gesehnt hat – nämlich den Tod? Eine viel diskutierte Frage, schrieb doch Büchner damit gegen den **Tragikbegriff des Idealismus** an. Das **Aufbäumen des Helden gegen seinen Untergang**, der **Konflikt**, das **Unvereinbare** – all das waren nach dem Dramenverständnis der Klassik die Wurzeln des Tragischen, ohne die keine dramatische Kurve, keine Spannung im herkömmlichen Sinn entstehen kann. Doch gerade dies fehlt in »Dantons Tod«: Danton verzichtet auf Ge-

genwehr und akzeptiert sein Schicksal – seine **Passivität** macht ihn zum **Antihelden**.

Allerdings darf man nicht vergessen, dass Danton mit seinem Tod die Quittung für eine **alte Schuld** erhält, die schwer auf seinem Gewissen lastet – seine **Mitverantwortung an den Septembermorden** (vgl. II/5).

Nach der **moralischen Tragiktheorie** wäre Danton daher durchaus als tragische Gestalt einzustufen, der Tod auf der Guillotine nichts anderes als ein Akt später Sühne. Dass Danton allerdings für eine Tat büßen muss, die er – nach Auffassung Büchners – als Werkzeug der Geschichte begangen hat, als willenloser Akteur im Spiel des Schicksals, verleiht der Tragik des Stücks eine eigene Note.

Umso tragischer wirkt unter diesem moralistischen Aspekt auch das **Schicksal der Randfiguren**, namentlich das Luciles und Julies, zweier sensibler Menschen, die unschuldig in die Maschinerie der großen Geschichte geraten und daran zerbrechen.

4. Zweifel

Aber bedeutet der Tod tatsächlich die Befreiung von allen Leiden? Vor dem Revolutionstribunal verkündet Danton noch gelassen:

> *[D]as Nichts wird bald mein Asyl sein; – das Leben ist mir zur Last, man mag mir es entreißen, ich sehne mich danach, es abzuschütteln.* (III/4; S. 52)

Danton hofft nicht auf Erlösung nach dem Tod; er hofft vielmehr auf das Auslöschen seiner Existenz, auf das **Aufgehen im Vergessen**. Doch wird schon recht bald diese Gewissheit um das Nichts erschüttert. Die Aussicht auf den nahen Tod lässt Dantons Schicksalsergebenheit schwinden:

> *Da ist keine Hoffnung im Tod; er ist nur eine einfachere, das Leben eine verwickeltere, organisiertere Fäulnis,* [...] (III/7; S. 61)

Das Nichts hat in der Schöpfung keinen Platz – mehr noch: zwischen Tod und Leben verschwimmen die Gegensätze. Denn der Lebende ist ebenso eingesargt wie der Tote, nämlich in den Zwängen seiner Existenz: *unter dem Himmel, in unsern Häusern, in unsern Röcken und Hemden* (III/7; S. 61).

Nicht einmal der Tod vermag die ersehnte Ruhe vor den Leiden zu schenken: eine Erkenntnis, die »Dantons Tod« zum **Drama des Zweifels und der Verzweiflung** macht. *Der verfluchte Satz: Etwas kann nicht zu nichts werden! Und ich bin etwas, das ist der Jammer!* (III/7; S. 61) Auf alle existenziellen Fragen gibt es als Antwort nur Enttäuschung, Leere und Sinnlosigkeit; für eine positive Utopie bleibt keinerlei Raum.

Büchners Kernfrage lautet: **Wenn die Welt sinnlos ist, wie steht es um deren Schöpfer?** Ist die Verantwortung vor Gott – die ethische Grundlage des Christentums – dann letzten Endes nicht auch sinnlos?

So wie sein Autor, so wie viele Menschen stellt sich auch Danton die Frage nach Gott. Er ist ein **Nihilist**, weil er sich in einer **Welt ohne Sinn** leben sieht; er ist ein Gottesleugner, ein **Atheist**, weil diese Welt ohne Sinn zwangsläufig auch eine **Welt ohne Gott** ist. *Die Welt ist das Chaos. Das Nichts ist der zu gebärende Weltgott* (IV/5; S. 73) sind seine letzten Worte, bevor ihn der Henkerskarren zur Guillotine führt.

Auch Georgs Bruder Ludwig, zu Lebzeiten der Berühmteste unter den Büchner-Geschwistern, ging in seiner philosophischen Kampfschrift »Kraft und Stoff« (1855) dieser Frage nach. Seine Antwort, ganz im Sinne des **Materialismus** gehalten, lautet: Gott habe in dieser Welt keinen Platz.

Büchner sucht Gott **nicht über den Glauben**, sondern über den **Verstand** – sein Motiv ist **Erkenntnisdrang**. In seiner Argumentation war er nie zimperlich. Das Drama »Pietro Aretino«, das er geschrieben haben soll, hat seine Verlobte nach seinem Tod angeblich wegen gottloser Stellen vernichtet.

Die Philosophie des Zweifels

In den philosophischen Gesprächen, die Büchner seine Gestalten im Kerker führen lässt (III/1, III/7, IV/5), werden die **zentralen Fragen der menschlichen Existenz** berührt. Eigenartig ist, dass die Inhaftierten ausgerechnet im Angesicht des Todes alles daran setzen, die überlieferten Gottesbeweise zu analysieren und zu demontieren – in einer Situation also, in der gläubige Menschen Zuflucht bei der Religion suchen. Die Protagonisten des Stücks sind an dieser Stelle ebenso **Logiker und aufgeklärte Verstandesmenschen** wie der Autor – denn was hier an Überlegungen entfaltet wird, ist **Resultat von Büchners Beschäftigung mit der Philosophie** während seines Studiums an den Universitäten von Straßburg und Gießen.

Die Hauptargumente in Szene III/1 liefert Thomas Payne, eine historische Figur (engl. Philosoph, 1737–1809):

- Gott habe sich **durch den Schöpfungsakt verändert**. Er könne daher **nicht ewig** sein.
- Der Philosoph **Spinoza** (1632–1677) sprach davon, dass Gott und die Welt identisch seien. Allerdings: Wie lässt sich die **Vollkommenheit** Gottes mit den Leiden seiner Schöpfung – d. h. mit deren **Unvollkommenheit** – vereinbaren?
- *Ist's nicht sehr menschlich, uns Gott nur als schaffend denken zu können?* (S. 47) Mit anderen Worten: **Hat sich der Mensch seinen Gott nach seinem Ebenbilde geschaffen?** Dieser Meinung war auch der Philosoph **Ludwig Feuerbach**, ein Zeitgenosse Büchners; er vertrat die Auffassung, dass die Verheißungen der Religion (ewiges Leben, Jenseits etc.) nur den **Wunschbildern des Menschen** entsprächen.

- Der Aufklärer **Gottfried Wilhelm Leibniz** (1646–1716) hielt Gottes Schöpfung für die **„beste aller Welten“**. Wie ist die Existenz des Leidens mit diesem Weltbild und der Vorstellung von einem allgütigen Gott vereinbar? *[W]arum leide ich? das ist der Fels des Atheismus* (S. 48) – für Büchner selbst die entscheidende Frage auf seiner Suche nach Gott. Wenn das Christentum davon spricht, dass erst das Ertragen des Leidens die Tür ins Paradies aufstößt, so sieht Büchner darin nur eine sehr schale Rechtfertigung. Die **Existenz des Leids ist für ihn das Unfassbare in einem gottgeschaffenen Kosmos**: der *Riß in der Schöpfung* (S. 48). Und so muss sich auch der fromme Philippeau den Widerspruch seiner Freunde gefallen lassen, als er kurz vor der Hinrichtung seinen Trost in Gott sucht (III/7, IV/5).
- Auch an der Absolutheit von Gut und Böse (und damit am **moralischen Gottesbeweis**) bleiben Zweifel. Wie sehr es sich bei Tugend und Laster um subjektive Kategorien handeln könnte, hat ja bereits der Dialog zwischen Danton und Robespierre erörtert (I/4; S. 25).
- Schließlich: Wenn Gott allumfassend wäre, müsste er auch sein **Gegenteil in seinem Wesen** einschließen – und sich dadurch selbst neutralisieren.

Es gibt keinen Gott (III/1; S. 46) – das ist der einzige Satz des Dramas, den Büchner hervorgehoben hat. Die Revolution wird gewissermaßen auf philosophischer Ebene fortgesetzt, indem gezeigt wird, wie die verzweifelten Individuen gegen die Vorstellung von Gott und der Schöpfung aufbegehren.

Es ist ein **deprimierendes Bild**, das Büchner von der Welt zeichnet: vom Menschen, der keinen Einfluss auf den Lauf des Schicksals hat, der keine Erlösung durch den Tod findet, der sich keine Hoffnung auf Zuflucht bei einem tröstenden Gott zu machen braucht. »Dantons Tod« ist ein Werk der Literatur, das dem Leser die Antwort auf seine existenziellen Fragen verweigert, ihn voll Verunsicherung zurücklässt.

Aufgaben mit Lösungs-tipps

Sie haben auf den vorangegangenen Seiten eine kurze Übersicht über einige wichtige Interpretationszugänge zu »Dantons Tod« erhalten. Abschließend möchten wir Ihnen noch Anregungen geben, wie Sie Klausurarbeiten oder Hausaufgaben zu diesem Buch besser bewältigen können.

? Aufgabe 1

Wie unterscheiden sich die Persönlichkeiten Dantons und Robespierres voneinander?

! Lösungstipp

Mit dem Blick des Nervenarztes zeichnet Büchner von seinen Figuren ein **psychologisch genaues Bild**. Dabei vermeidet er plakative Zuweisungen von „gut" und „böse"; so finden sich negative Züge sowohl bei Danton (Genusssucht, Bestechlichkeit; vgl. dazu die in III/10 geäußerten Vorwürfe) als auch bei Robespierre (menschliche Kälte).

Danton	Robespierre
Genuss nach Muster der Griechen	römische **Sittenstrenge**
Gelassenheit und Ergebenheit in das Schicksal	leidenschaftlicher **Fanatiker**
von Freunden zum Handeln gedrängt → bleibt **passiv** (Handeln ist zwecklos; vgl. z. B. I/1, I/5, II/1)	von St. Just zum Handeln gedrängt (I/6) → **aktiv**

Danton	Robespierre
Mensch, der **liebt und geliebt wird** (vgl. z. B. II/5)	*finster und einsam* (II/3; S. 37)
menschliche Einstellung: Blutopfer der Revolution müssen aufhören	**unmenschliches Programm:** Revolution muss um jeden Preis weitergehen (zu beiden Positionen vgl. I/6)
Selbstaufgabe aus Überdruss und aus Erkenntnis der allgemeinen Sinnlosigkeit	Bereitschaft zur **Selbstaufgabe zum Wohl der Revolution:** *[E]r würde alles opfern, sich, seinen Bruder, seine Freunde* (I/5; S. 22).
blindes Walten der Geschichte	Geschichte als **zielgerichteter Prozess**
Argumentation im Kampf gegen Robespierre: Materielle Not kann durch Guillotine nicht beseitigt werden (vgl. III/9; S. 63) → Danton spekuliert damit auf **Unzufriedenheit** der Massen	**Argumentation im Kampf gegen Danton:** Danton habe sich die (Un)-Sitten der Aristokraten angeeignet (vgl. III/10; S. 64) → Robespierre spekuliert damit auf **Neid** der Massen (= das entscheidende Argument für Dantons Untergang)
Robespierre über Danton und dessen **Sittenlosigkeit:** *Er will die Rosse der Revolution am Bordell halten machen* […] (I/6; S. 25).	**Danton über Robespierre** und dessen **Tugendhaftigkeit:** *Robespierre, du bist empörend rechtschaffen* (I/6; S. 24); *Polizeisoldat des Himmels* (I/6; S. 25).

? Aufgabe 2

Charakterisieren Sie die Frauenfiguren Julie und Lucile!

! Lösungstipp

Gemeinsamkeiten

- ✔ Von Julie Danton und Lucile Desmoulins gehen **keine Impulse auf die Handlung** aus (jeweils nur vier Auftritte). Büchner zeichnet sie sehr wirkungsvoll: Ihre **natürliche Menschlichkeit** kontrastiert das brutale Revolutionsgeschehen.
- ✔ Büchners Darstellung der zwei Frauen entfernt sich von der historischen Wahrheit. Die beiden sind **nicht in der Geschichte verankert**, sondern eher in der **Natur** und in der **literarischen Tradition** (Vorbilder bei **Goethe** und bei **Shakespeare**).
- ✔ Julie und Lucile stehen für die **„Gefühlsseite" der Revolutionshelden**: Sie repräsentieren das Private an den „öffentlichen" Figuren Danton und Desmoulins. Zugleich wird an den beiden Frauen der **Einbruch des Politischen ins Privatleben** vorgeführt.
- ✔ Ihr Untergang ist nicht nur als **Zeichen der Hingabe an die geliebten Männer** zu verstehen, sondern zeigt sie auch als **unschuldige Opfer der Revolution** (vgl. oben S. 56).

Julie Danton:

- ✔ Sie ist für Danton emotionaler Ruhepol; vgl. Szene II/5, in der sie ihrem Gatten, der sich in seinen Gedanken an die von ihm mitverantworteten Septembermorde zermartert, **Ermutigung**, **Trost und Beruhigung** zuspricht.
- ✔ Allerdings kann sie ihn nicht vor dem **Gefühl der Einsamkeit** bewahren (vgl. das Gespräch zu Beginn von I/1).
- ✔ Ihre **innere Größe und Ausgeglichenheit** erleichtern ihr ein **würdevolles**, **gefasstes Sterben** (IV/6).

Lucile Desmoulins:

- ✔ Das **Verhältnis zwischen Lucile und Camille wird als sehr innig** dargestellt.
- ✔ Luciles **Naivität** entspricht das Volkslied, das sie als Ausdrucksform wählt (II/4, IV/4, IV/9); damit erreicht Büchner auch einen **sprachlichen Gegensatz zum Pathos der revolutionären Reden**.
- ✔ Die seelische Zerbrechlichkeit Luciles führt dazu, dass sie am Ende des Stücks dem **Wahnsinn** verfällt. Die Frage nach dem Sinn des Geschehens beantwortet sich für sie nicht. Die letzte Aktion des Dramas zeigt, wie sie ihr Ende auf eigenwillige Art in Szene setzt (IV/9). Sie wählt einen **öffentlichen Tod**, anders als **Julie**, die einen **privaten Tod** vorgezogen hat.

? Aufgabe 3

Welche Rolle spielt die Prostitution in Büchners Drama?

! Lösungstipp

Die **realistische Thematisierung der Prostitution** stand lange der vollständigen Behandlung des Dramas im Unterricht im Wege; die entsprechenden Szenen (etwa I/2 oder I/5) wurden vielfach als Provokation und als **moralisch bedenklich** abgelehnt.

In Wahrheit verstärkt Büchner mit der Darstellung der Prostitution mehrere Aspekte des Dramas:

(1) Entwürdigung der Frau: Einfache Mädchen werden zu **Grisetten**, also zu Huren, um dadurch für sich und ihre Familie einen Ausweg aus der Armut zu finden (vgl. erste Volksszene I/2). Dadurch wird gezeigt,

- ✔ dass die Revolution bei der **Lösung der sozialen Probleme versagt** hat;

- ✔ dass es weiterhin Existenzformen gibt, die zu **Robespierres Utopie von der „Tugendrepublik“ in scharfem Widerspruch** stehen.

(2) Genussfreude der Dantonisten: Der Umgang mit Dirnen ist Teil der Lebensphilosophie Dantons und seiner Freunde. Sie widmen sich dem **Epikureismus**, also dem Genuss. Dass das Drama mit einer Bordellszene beginnt, unterstreicht Büchners Absicht, **sich vom traditionellen Geschichtsdrama zu lösen** und seinen **Helden als Antihelden** zu zeichnen.

(3) Syphilis-Thema: Uneingeschränkte Sexualität bringt die Gefahr der Ansteckung mit der Lustseuche. Die Frau wird vielfach nur mehr unter dem Aspekt einer drohenden Infektion gesehen: Der Souffleur beschimpft seine Gattin als *runzlige Sublimatpille* (I/2, S. 9; vgl. oben S. 44), für Lacroix sind die Huren Rosalie und Adelaide bloß *Quecksilbergruben* (I/5; S. 21). Die Präsenz der Syphilis im Stück hat zudem **Gleichnischarakter**: Analog zum Körper ist auch die dargestellte Gesellschaft faulend und krank.

(4) Die Hure Marion als Gegenfigur zu Julie und Lucile: Mit ihrer Geschichte (I/5) liefert sie den Lebensabriss eines **Gefühlswesens**, das der eigenen Sinnlichkeit eher wehrlos und unschuldig gegenübersteht. Ihre Erziehung, die auf Unterdrückung der Sexualität ausgerichtet war, steht im Widerspruch zu ihrem späteren Werdegang: Allzu energisch drängen dabei ihre Triebe nach ungezügelter Freisetzung. Marion ist **Außenseiterin** in mehrfacher Hinsicht:

- ✔ **Von ihren Mitmenschen wird sie verachtet** – *die Leute weisen mit den Fingern auf mich* (S. 20).
- ✔ Doch auch **Marion selbst fühlt sich anders**. Sie unterscheidet sich von der Masse *(Ich begreife nichts davon: ich kenne keinen Absatz, keine Veränderung*; S. 19), die Rituale bürgerlichen Lebens bleiben ihr fremd.
- ✔ Anders als Lucile und Julie vermag sich Marion an **niemanden zu binden** – *alle Männer verschmolzen in einen Leib* (S. 19).